恐慌と国家破産を大チャンスに変える!

Big chance arrives.
Nations bankruptcy in 2025
caused by the world crisis in 2020.

浅井隆

第二海援隊

プロローグ

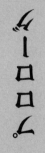

人は得るもので生計を立て、与えるもので人生を築く。

（ウィンストン・チャーチル）

「世界恐慌」と「国家破産」というダブルパンチ

世の中で頭角を表す人間は、いかなる悲観的状況下にあってもその中に一条の光明を見出し、それを元にピンチをチャンスに変えるという。

なぜ、こんなことを冒頭に書いたかというと、私がかなり前からずっと述べてきたように、二〇二五年頃から日本は「国家破産」というすさまじい経済現象に見舞われそうであり、その前に（というよりも直近に迫っているが）「世界大恐慌」という大災害にも襲われそうなのだ。

表現として控えめな言い方をしたが、現実にはそれらが襲ってくる確率は約九五％という、かなり高いものである。何しろ今現在、世界は人類史上最大最悪の借金である二京七〇〇〇兆円を抱えていて、しかも全世界で壮大なバブルが崩壊し始めている。

たとえば、下がったことのないオーストラリアの不動産がこの一年で一〇％

下落しており、世界一高いと言われる香港のマンションもついに下落に転じている。あとは世界の牽引車、中国のバブル崩壊を待つのみであるが、それも時間の問題である。先行きに大きな不安を感じ始めた中国の人々は、ついに消費を減らし始めた。

恐慌とは、経済的に言えばデフレであり、株価と不動産の大暴落のあとに全面的な物価下落と失業率の急速な悪化、そして深刻な不況がやってくる。

しかし、コトはこれではすまない。この巨大なデフレのあとに、日本には「国家破産」という前代未聞の大災害がやってくる。恐慌も私たちの財産を減らすが、国家破産はその比ではない。なにしろ、借金まみれで制御不能となった国家が、権力を行使してあなたの財産を奪いにやってくるのだ。

その時、実行されるのが「預金封鎖」「最大九〇％の財産税」「金《きん》の没収」などだ。しかも、それが実施される頃にはすさまじいハイパーインフレが国内を吹き荒れているため、預金封鎖が解除される頃には銀行におろせないまま置かれていた預金は、文字通り紙キレと化してしまうのだ。実際、今から七〇年ほど前の一九四六年（敗戦直後）には、「預金封鎖」とそのあとに続く「財産税」によって、資産家の財産はほとんど消滅した。

現在においても、南米の石油大国ベネズエラでは年間インフレ率が一〇〇〇万％という驚愕すべき経済災害が国中を襲っており、スーパーマーケットにはまったく食糧もなく、着るものもない子供たちがゴミ集積場に群がって腐った肉を食べてどんどん死んで行っている。

実は、そのベネズエラより日本の方が借金のＧＤＰ比は高いのだ。そしてなにしろ、この日本は世界一のスピードで進む少子高齢化の真っただ中にあり、もうすぐその矛盾が火を噴く。日本の国家破産は、一〇〇％当選確実と言ってよい。その前兆は二〇二五年頃現れ、二〇三〇年代にはベネズエラほどではないが、かなり悲惨な状況に陥っていることだろう。

つまり、私たちの未来とは、たとえて言えば次のようなものだ。

住む街を間違えたがために、何の罪もないあなたが夜一人で通りを歩いていたら、元ボクサーの暴漢に突然襲われ、右から素手で死ぬほど殴られる。アゴは砕け、右目も失明し、右側の歯もほとんど折れて食べることすら難しい状況となった。その傷がようやく癒えたと思ったら、今度は夜道で元タイキックボクサーの達人に左側からすさまじい飛びヒザ蹴りを一〇回も食らわされ、背中と足の骨を複雑骨折した上に、内臓も回復不能なほどのひどい打撲をうけ、意識もなかなか戻らないというぐらいのすさまじい損傷を体中に受けた、というようなものだ。

つまり「恐慌」とそれに続く「国家破産」のダブルパンチによって、あなたの財産は今後一〇年の間に、そのくらいの被害を受けると考えていただきたい。

しかし、そのような想像を絶するような時代・環境下でも、財産を守り生き残る道は必ずある。どころか、それほどのピンチでも大チャンスに変える方策はちゃんと存在するのだ。しかも、そうした暴漢（経済災害）に遭わない、あるいは遭っても何事もなくやり過ごせる素晴らしいノウハウも、もちろんあるのだ。

本書を読まれてそのポイントをしっかり掴んでいただき、一〇年後に安全かつすばらしい人生を送っていただきたいものだ。今回は特別に、「私自身が一九九〇年のバブル崩壊後にピンチを逆手にとって財産を大きく殖やした際の詳しいいきさつ」も初めて公開することにした。ぜひ、楽しみにしながら読み進めていただきたい。

二〇一九年一月吉日

浅井　隆

恐慌と国家破産を大チャンスに変える！——目次

第四章　それは中国発か、オセアニア発か

第五章　生き残るために――保全の基本

第七章　あなたはオプションという最終兵器を見たことがありますか⁉

エピローグ

第一章

リーマン・ショックで五〇〇〇億稼いだカイル・バスの秘密

政府の言うことだけは絶対信じるな。危機はある日突然やってくる!!

（カイル・バス）

カイル・バスは、なぜリーマン・ショックで大儲けできたのか？

リーマン・ショックを覚えているだろうか？　その呼称からあたかもリーマン・ブラザーズ（米ニューヨークに本社を置いた大手投資銀行）だけが潰れたかのような印象を与えるが、米欧を中心に多くの金融機関が破綻し、金融システムは機能不全に陥った。株価は暴落し、経済は深刻なダメージを受けた。その衝撃は、「二〇〇〇年に一度の金融危機」と言われるほどのすさまじさであった。

実は、この未曽有の金融危機を事前に予測して、巨額の利益を上げた人たちが何人かいる。その一人がカイル・バス氏である。彼は、テキサス州ダラスに本拠を置く「ヘイマン・キャピタル・マネジメント」の創業者で、世界的に有名な投資家である。リーマン・ショックの際には、数千億円稼いだと言われる。

数千億円稼いだということは、元金は数百億円くらいだろうか。自己資金だけでなく、投資家から預かった資金もあったに違いない。本当の未来というものが誰にもわからない中、これほど大きな金額を投資し利益を上げるというのは並大抵のことではない。事前の準備、調査など大変な努力をしただろうし、度胸、先見性、本質を見抜く能力が卓越しているということだ。

二〇一三年八月、私はテキサスに飛び、直接彼を取材した。インタビューは三時間にもおよんだが、彼は私たちが用意した多くの質問に対して、非常に丁寧に答えてくれた。会って気付いたことだが、彼は実に良い顔をしていた。面長で非常に温和な顔立ちで、どことなく東洋的な雰囲気が感じられた。彼は自身に〝チェロキー〟の血が入っていることをとても誇らしく語っていた。チェロキー族は、北アメリカ南東部のアパラチア山脈南部に居住するネイティブ・アメリカンの一民族だ。イギリスやアメリカの侵攻に悩まされながらも、白人の文明や社会システムを積極的に取り入れ、一八二〇年代には独自の政府を樹立するなど繁栄していた。

インタビューは実に有意義なものだった。中でも印象的だったのは、彼が投資の秘訣について、第一に「損をしないこと」、第二に「損をしないこと」、第三も「損をしないこと」だと言っていたことだ。損さえしなければ元手は残るし、ここ一番という時に使える。小さな損でもしないことだ、と彼は言う。至極当然のことだ。もちろん、それができれば誰も苦労はしないし、まったく損をしないことなど不可能だ。ただ、彼が志向しているのは、「大きなリスクを取って大きく稼ぐ」といった投機的手法ではなく、適切にリスクを管理することで、なるべく損を出さないようにして上手く稼ぐということだ。

取材のため彼が代表を務める「ヘイマン・キャピタル・マネジメント」のオフィスを訪ねると、秘書が応対してくれた。この秘書が、実に感じの悪い女性だった。「ウチのボスが、お前たちのようなどこの馬の骨ともわからない東洋人に会ってくれるというのは大変なことなんだぞ」と言わんばかりの態度だった。私たちが夕食に誘ったわけでもないのに「ウチのボスは今日、絶対にあなた方と一緒に夕食に行かない」などと、言わなくてもよいことを平気で言う。

ところが、インタビューを終えると、カイル・バス氏は「近くに美味しいメキシコ料理の店があるから一緒に行かないか？」と私たちを誘ってくれたのだ。

それを見た秘書は驚いた様子でしきりに首を傾げていた。彼は食事中もタブレット端末などを見ながら、電話でスタッフにしきりに指示を出していた。当時、彼は財政が酷く悪化していたアルゼンチンに注目していて、アルゼンチン国債を売っていると言っていた。そのようなところは普通、あまり人に見せないものだが、気さくに見せてくれたのには感心した。

彼が最後に私の耳元で囁いた言葉を忘れられない。「ミスター浅井、政府の言うことだけは絶対に信用するな‼」、そう彼は言ったのだ。「政府というのは往々にして危機的な財政状況などを隠したがるもので、平気で嘘をつく。そして、ほとんどの国民が深刻な財政状況に気付かぬまま、ある日突然、危機はやってくる」というのだ。

また、彼のオフィスも印象的であった。古い書物や資料、コインなど歴史を感じさせるものがいくつも置いてあった。古典派経済学の父と呼ばれるアダム・スミスが一七七六年に発表した有名な『国富論』が、ガラスケースに大切に収められ飾られていた。面白いのは、その世界的名著の背後の壁に大きな

「ゼロドル紙幣」が展示されていることだ。もちろん、ダミーの紙幣だ。ただ、作りが実に凝っていて、紙幣そのものに様々なメッセージが込められている。

まず、紙幣の中央には社会主義の生みの親であるレーニンの肖像がある。シリアルナンバー（製造番号）は八兆二〇〇〇億とある。この数字は、アメリカ財務省とアメリカ連邦政府が二〇〇八年末にアメリカの財政システム支援のために認めた金額と同じだという。「ＳＥＲＩＥＳ ２００８」の文字も見える。彼は「二〇〇八年に起きた愚行を忘れないように」と、この紙幣を作らせたそうだ。

インタビューをしていても、彼が投資判断において歴史を重視していることはよくわかった。私が彼に金融危機を乗り切る秘訣について尋ねると、彼は次のように答えた。

「歴史にまで思いを馳せるべきかもしれませんね。危機というものをどう定義したらよいのでしょうか。果たして何％の人が危機を正確に捉えていたでしょうか。おそらく、一％の一〇分の一くらいでしょう。あるいはもっと少ないかもしれないですが。ほんの一部の人だけが、大きな周期の終焉を理由に危機を正確に捉えることができたのです。もし、日本で国債市場のコントロールができなかったら、新聞にはこう書かれるでしょう。『このことはわかっていました。こうなると知っていたけれど、避けられませんでした。ちょうど住宅市場のように。住宅市場はもう永遠に上がらないこともわかっていました』。最終的に、いつの時代も（事前に）こう認めることのできる人は非常に少ないわけです。なぜならば、心理的な理由が働くからです。ダメなことをダメと言えない人間の性質の裏には、自己保存の本能があると思うのです」。

また、国家破産により日本国債が暴落する際の株式の動きについて、次のように答えた。

「株式市場は実際には上がるでしょう。インフレ率ほどには上がらないでしょうけれど。もし、歴史を見れば、それも過酷なインフレ期の歴史を見れば、株というのは平均してインフレの七五％くらいまでカバーできるものです。ということは、実際にはおよそ二五％は損をしているということです。歴史を見てください。スイスの教授によって書かれた『monetary regimes and inflation』という本があります。彼は、生涯かけて金融とインフレについて研究しました。これは、私がその話題について読んだ本の中のもっとも優れた本の一冊でした。ぜひ、読んでみてください」。

彼の話はもちろん、彼のオフィスからも彼が歴史についてどう考えているのかが伝わってきた。いつの時代も、危機を正確に捉えることができるのはごく一部の人間だけだ。その鍵を握るのは、歴史を検証することにあると彼は確信していた。これについては、私もまったく同感だ。私はリーマン・ショックの一年前である二〇〇七年に『全世界バブルが崩壊する日！〈上〉〈下〉』（第二海援隊刊）という本を出版したが、私が経済トレンドを分析しあの歴史的なバブル崩壊を予測できたのも、やはり長年にわたって歴史を研究してきたからだ。

ちなみに、カイル・バス氏をインタビューした様子は拙著『あと2年で国債暴落、1ドル＝250円に‼』（第二海援隊刊）に掲載している。ご興味のある方は、ご一読いただきたい。

村山節氏との出会い

「急がば回れ!!」という。あなたがもしこれからやってくる二度の大ピンチをチャンスに変えて大きな資産を築きたいとしたら、歴史を研究するしかない。歴史の研究という点では、私は文明評論家の村山節氏に多大な影響を受けた。

ムラヤマ・ミサオ――この人物を知る日本人は少ないだろう。しかし、村山氏は世界で初めて歴史を統計学的に研究した学者として、知る人ぞ知る存在なのである。イギリスの伝統的名士録（人名辞典）『WHO's WHO』にも「MURAYAMA MISAO, statistical researcher（統計学研究者）」として掲載されている。

後述するが、村山氏の学説「八〇〇年周期説」は、従来の歴史の常識を覆すほどのインパクトがあるものだ。私もこの学説に大変な衝撃を受け、村山氏の著書を愛読していたが、その研究内容の緻密さ、壮大さには、ただただ驚くばかりであった。「ぜひ、直接お会いして話を伺いたい」――そう思っていた私についにチャンスが訪れた。一九九八年六月、私は横浜市にある村山氏の自宅を初めて訪ねた。渋谷から東急東横線に乗り込み、急行で二〇分ほどで最寄りの日吉駅に着く。改札を出て、駅の西側の商店街からバス通りへと向かった。日吉と言えば、慶應義塾大学のキャンパスがあることで知られる。学生街特有の雰囲気を肌で感じつつ、私たち四名の一行は大雑把な地図だけを頼りに細い道を進んで行った。とても蒸し暑い日だった。

途中、道に迷いながらもだんだん目的地に近づき、「もう、この近くだ」と思った瞬間、私たちの目の前に急な階段が現れた。二〇段ほどある急な階段を上りきると、丘の上の一番端に村山氏の自宅はあった。表札には確かに「村山」とある。「これが、あの村山先生のお宅？」お世辞にも立派な家とは言えない。これでは、中程度の地震でも倒壊してしまうのではないかと思えるほどだった。

玄関でインターホンを押すと、奥様が出迎えてくれた。奥の部屋に通され、ついに憧れの村山氏と対面した。村山氏は当時すでに八七歳で、ほとんど寝たきりの状態になっていたが、ベッドの上で上半身を起こした状態で私たちを迎えてくれた。村山氏は若くして全身結核を患い、体が丈夫ではなかった。若い頃から「そう長くは生きられない」と医者に言われたが、長い闘病生活の中で独自に歴史の研究を続けられた。

私は村山氏に会う前、やせ細った険しい顔の老人を勝手にイメージしていたが、実際の村山氏はそのようなイメージとは程遠かった。丸顔のやんちゃな少年の面影を残しており、驚くほど目がきれいな人だった。好奇心に満ちた、しかし純粋な赤ちゃんのような目をしていた。

私は毎日新聞社に勤めていた当時、取材で多くの人に会ったが、あのような目を持った人で唯一記憶にあるのは、作家の宇野千代氏くらいだ。当時、毎日新聞社から自伝『生きていく私』が出版され、ベストセラーになった。彼女が亡くなる数年前、取材で都内のご自宅に伺ったことがある。若い頃は絶世の美女と呼ばれていた彼女の目も、実にきれいだった。すでに九〇歳代だったはずだが、透き通るような目をしていた。村山氏も濁りのないその目を持っていたからこそ、「八〇〇年周期説」を発見できたのではないかと思えてならない。

村山氏は数時間、私たちの取材に対し、一つひとつ丁寧に答えてくれた。歴史の研究を始めたきっかけ、六〇余年にわたる研究から導き出された歴史の法則、さらにこれからの世界史に対する見解などを詳しく話してくれた。

元々、村山氏は歴史や文明の研究をしていたわけではなかった。興味があったのは「天才論」だったそうだ。関連の研究で非常に有名だったイタリアのチェーザレ・ロンブローゾ博士の本を読むなどして、天才について独自の研究を行なったという。当時、村山氏が若くして患っていた結核は、不治の病であった。そう長くは生きられない。ならば、残りの人生は好きなことをしようと天才の研究を始めたのである。

そんな村山氏が、天才の研究から歴史の統計学的研究に移行したきっかけは、昭和一三年（一九三八年）秋のことであった。村山氏は当時、結核の療養のため鎌倉で暮らしていた。結核の後遺症で足が不自由になっていたが、歩行訓練も兼ねて、毎日散歩をしていた。近所にある鶴岡八幡宮まで歩き、正面の石段の脇にある大銀杏の前で参拝して帰るのが日課だったそうだ。

そんなある日、不思議な出来事が起きる。その日も村山氏は鶴岡八幡宮まで散歩に出かけた。そして、いつものように大銀杏の前で参拝し、家路に着いた。するとその時、突然頭上から声が聞こえた。

「歴史は、直線の分析より始まる」。

はっきりとそう聞こえたそうだ。頭上を見上げても何もないし、周囲を見回したが、近くには誰もいない。遠くに二、三人の参拝客が見えるだけだった。気のせいなどではまったくない。間違いなく現実であった。天からの啓示だったのだろうか？

「歴史は、直線の分析より始まる」という言葉は、村山氏に強烈な印象を残した。ただし、このなんとも不思議な出来事は、あとにも先にもこれ一度きりだったそうだ。村山氏はこの出来事について、「人類にぜひとも伝えたいことがある、というので神様がこの研究と長寿を私に与えてくださったのかもしれません」と語っている。

「八〇〇年周期説」の発見

不思議な体験をした翌日、村山氏はさっそく大型の画仙紙を購入し、世界史年表の作成に取りかかり、壮大な研究をスタートさせた。その研究は村山氏が自発的に始めたというよりも、天の啓示に突き動かされるように始めたものだったようだ。

年表作成にあたり、村山氏は従来の発想や常識を破り、すべての時代、すべての年が等間隔になる年表を作ろうと考えた。一般的な歴史年表は古代よりも現代の方が幅が広く取られている。現代に近づくほど確証的な史実が増え、項目数が多くなるためだ。

等間隔の年表を作ることにより、何か見えてくるものがあるのではないかと考えた村山氏は大判の紙をつなぎ、長い巻紙のような年表を作った。そして、一〇〇年を一センチメートルとして直線の区切りを入れて行った。すると、一〇〇年で一〇センチ、一〇〇〇年で一メートルのスペースが必要になる。村山氏の歴史年表は人類文明七〇〇〇年分、その長さは七メートルにもおよんだ。

村山氏はこの歴史年表に各年代に起きた重要な出来事を書き込んで行った。さらに、政治、経済、文化などのジャンルごとに色分けをし、国家の誕生や衰亡の時期など特に重要と思われる部分は赤鉛筆で記入した。この作業を地道に繰り返し、独自の年表を作り上げて行った。当時、鎌倉の材木座にあった村山氏の自宅には、日当たりの良い長い廊下があった。その廊下は、自作の大きな年表を広げて眺めるのにちょうどよいスペースだった。

ある日、その長い廊下に年表を広げて眺めていた時、村山氏はとてつもない発見をする。年表上に一定の間隔で赤い塊が見えたのだ。赤色で書き込まれた部分は、歴史上の重大な出来事である。そのような出来事が一定の周期で起こっていることを示すものであった。実際、それらの間隔をすべて計測してみたところ、七五〇～八五〇年という間隔になっていた。

「八〇〇年周期説」誕生の瞬間であった。

この大発見をきっかけに、村山氏はさらに詳しく研究を進めて行った。すると、東洋の文明と西洋の文明は交互に没落し、交互に興隆するというリズムを八〇〇年ごとに繰り返していることがわかった。東洋の文明が光り輝く時、西洋の文明は暗黒の中にあり、東洋の文明が暗黒の中にある時、西洋の文明が光り輝いているのだ。

「八〇〇年周期説」とは

「人類の歴史が八〇〇年ごとに入れ替わる!?」――私がこの説を初めて知った時、にわかには信じられなかった。しかし、念のために自分でも年表を引っくり返して調べてみると、確かに歴史は八〇〇年ごとにきれいなパターンを描いていることが見てとれた。

では、東西の文明がどのように盛衰を繰り返してきたか、簡単に振り返ってみよう。今から三二〇〇年以上前、ヨーロッパに壮大な文明が栄えていた。

エーゲ海文明である。しかし、多くの遺跡とおおらかな美術を残し栄耀栄華を誇ったこの文明は、ある時を境に地上から消えてしまったのだ。実は、エーゲ海文明消滅の謎も八〇〇年周期説が解き明かしてくれた。

八〇〇年周期説によると、八〇〇年ごとに訪れる文明交代期に、世界は大動乱の時代に突入する。不思議なことに地球規模で天変地異が起こり、急速な寒冷化が進む。すると北方の民族の生活が脅かされ、飢餓からやむにやまれず民族大移動を起こす。武装難民と化した人々は、文明の進んだ地域に大挙して襲いかかり、壮大な文明も一挙に崩壊するのだ。

事実、当時は世界的規模で急速な寒冷化が起きていた。それが民族大移動の引き金となり、エーゲ海文明を破滅へと追いやったのだ。そして、紀元前一二世紀から四世紀にかけての八〇〇年間、西洋は没落の時代を生きることとなる。西洋が没落していた時期、逆に東洋文明が光り輝いた。中国古代文明、インド古代文明、アッシリア・ペルシア文明が花開いたのである。

そして八〇〇年後の紀元前四世紀頃、再び文明の交代が起きる。今度は東洋の各文明が没落、あるいは全滅という憂き目に遭った。中でも古代ペルシアは、アレキサンダー大王の東征によりあっという間に滅亡した。東洋が没落する一方、西洋にはギリシア、ローマという壮大な文明が花開き、紀元前四世紀から紀元後四世紀にかけてほぼ八〇〇年間地中海に君臨した。

特にローマ帝国は、のちのヨーロッパ文明に多大な影響を与え、オーストリア帝国からヒトラーの第三帝国そしてアメリカ合衆国に至るまで、すべての帝国の模範としての地位を保ち続けた。

しかし、栄華を極めたローマ帝国も、やはり八〇〇年周期の法則から逃れることはできなかった。広大な国土を支配するため軍事費が膨張し、コロセウムから大浴場に至る壮大な公共施設の建設費や維持費などの負担に耐えかね、財政破綻状態に陥った。ハイパーインフレと文明の爛熟による退廃が社会全体を覆う中、天変地異により食糧危機に陥った北方のゲルマン民族が一斉に民族大移動を始め、武装難民と化してローマ帝国内に雪崩れ込んだ。彼らは略奪、暴行、殺人の限りを尽くし、ローマ帝国も滅亡の時を迎える。そして、ヨーロッ

世界文明図

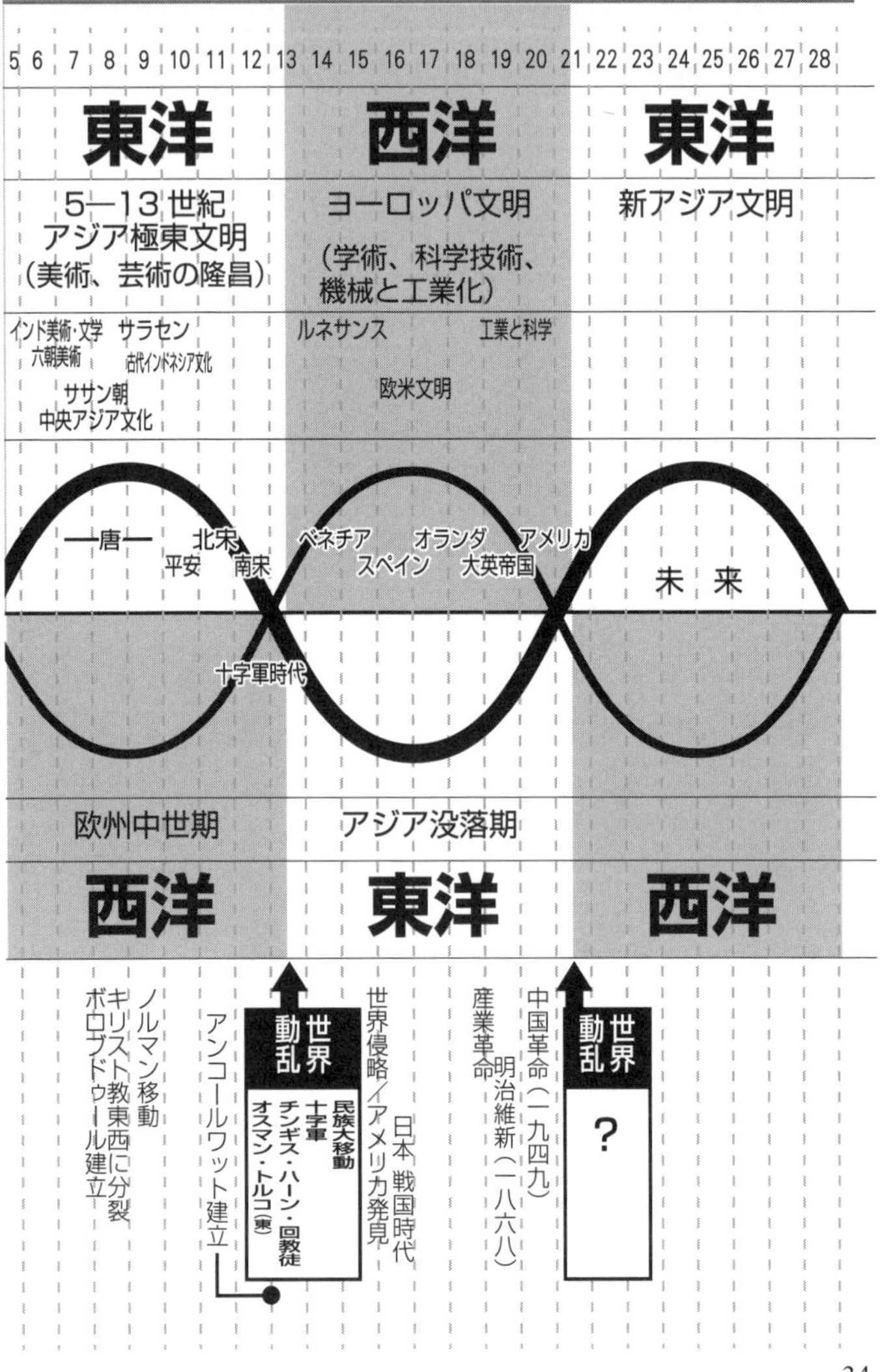

5 6 7 8 9 10 11 12 13 14 15 16 17 18 19 20 21 22 23 24 25 26 27 28
東洋
西洋
東洋
5—13世紀
アジア極東文明
（美術、芸術の隆昌）
ヨーロッパ文明
（学術、科学技術、
機械と工業化）
新アジア文明
インド美術・文学
六朝美術
サラセン
古代インドネシア文化
ササン朝
中央アジア文化
ルネサンス
工業と科学
欧米文明
—唐—
北宋
平安
南宋
ベネチア
スペイン
オランダ
大英帝国
アメリカ
未来
十字軍時代
欧州中世期
アジア没落期
西洋
東洋
西洋
ノルマン移動
キリスト教東西に分裂
ボロブドゥール建立
アンコールワット建立
世界動乱
民族大移動
十字軍
チンギス・ハーン・回教徒
オスマン・トルコ（東）
世界侵略／アメリカ発見
日本 戦国時代
産業革命
明治維新（一八六八）
中国革命（一九四九）
世界動乱
？

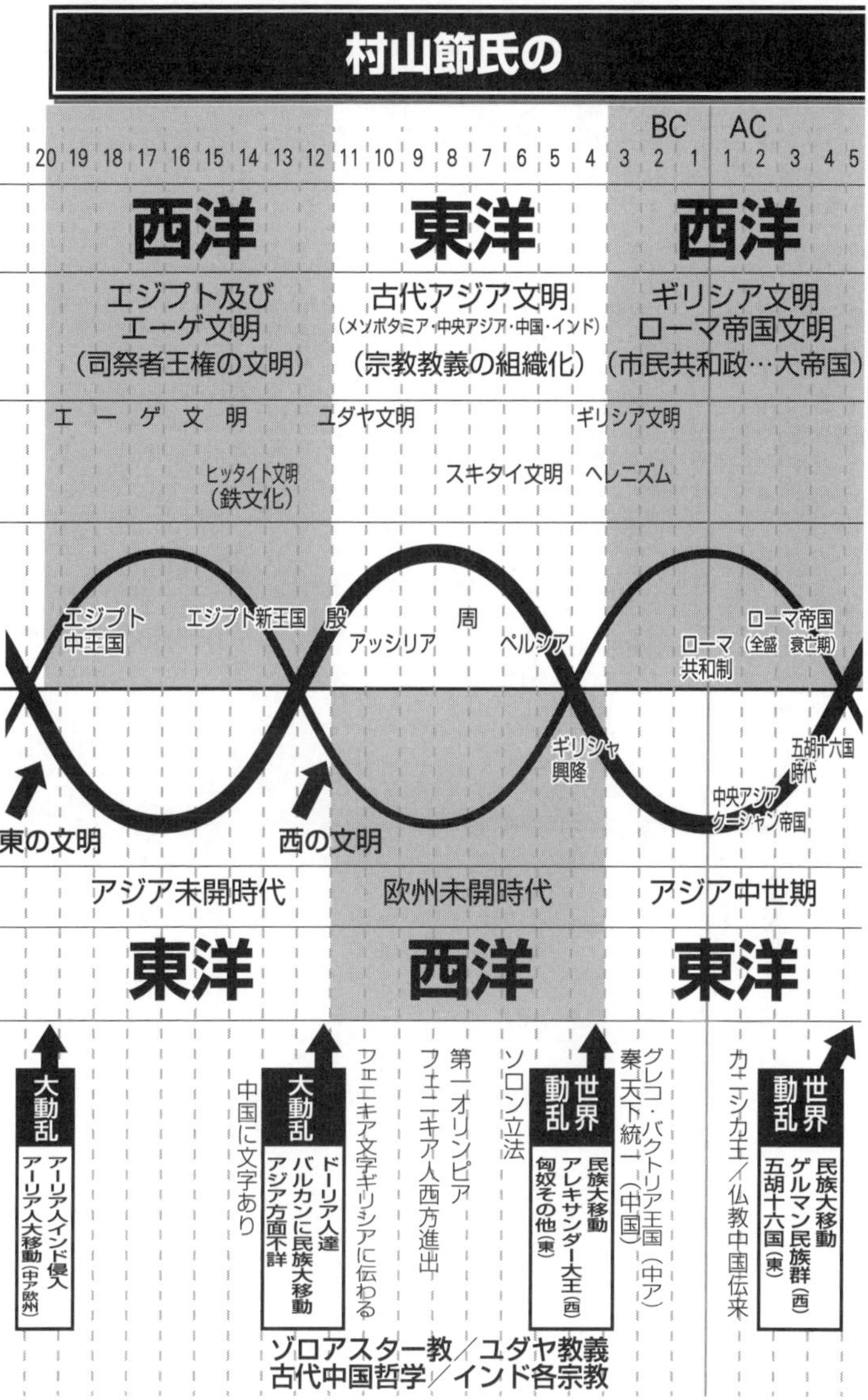
村山節氏の
BC
AC
20 19 18 17 16 15 14 13 12 11 10 9 8 7 6 5 4 3 2 1 1 2 3 4 5
西洋
東洋
西洋
エジプト及び
エーゲ文明
（司祭者王権の文明）
古代アジア文明
（メソポタミア・中央アジア・中国・インド）
（宗教教義の組織化）
ギリシア文明
ローマ帝国文明
（市民共和政…大帝国）
エ　ー　ゲ　文　明
ユダヤ文明
ギリシア文明
ヒッタイト文明
（鉄文化）
スキタイ文明
ヘレニズム
エジプト
中王国
エジプト新王国
殷
アッシリア
周
ペルシア
ローマ
共和制
ローマ帝国
（全盛　衰亡期）
ギリシャ
興隆
五胡十六国
時代
中央アジア
クーシャン帝国
東の文明
西の文明
アジア未開時代
欧州未開時代
アジア中世期
東洋
西洋
東洋
大動乱
アーリア人インド侵入
アーリア人大移動（中ア欧州）
中国に文字あり
大動乱
ドーリア人達
バルカンに民族大移動
アジア方面不詳
フェニキア文字ギリシアに伝わる
フェニキア人西方進出
第一オリンピア
ソロン立法
世界動乱
民族大移動
アレキサンダー大王（西）
匈奴その他（東）
秦天下統一（中国）
グレコ・バクトリア王国（中ア）
カニシカ王／仏教中国伝来
世界動乱
民族大移動
ゲルマン民族群（西）
五胡十六国（東）
ゾロアスター教／ユダヤ教義
古代中国哲学／インド各宗教

パは暗黒の中世の時代へと突入して行くのである。

没落する西洋に代わり、今度は東洋の時代が始まる。中国では唐という大帝国が君臨し、アラビア地域にはササン朝ペルシアやサラセン文明が花開き、東南アジアにもボロブドール、アンコールワットなどの独自文明が栄えた。まさに「東方に光あり」の様相を呈した。ペルシアの首都バクダット、大唐帝国の首都・長安は人口二〇〇万人を擁し、世界的な大都市として大いに繁栄した。対照的にヨーロッパの都市の衰退は著しく、首都レベルの大都市でさえ人口はわずか五〇〇〇～六〇〇〇〇人程度に過ぎなかった。

そして、今から八〇〇年前、つまり紀元一二〇〇年頃の前回の文明の移行期には東洋が没落し、文明の波は東洋→西洋へと移る。その大きなきっかけとなったのが十字軍の遠征である。一〇九六年以降、七回にわたり若い男たちが東へと進軍した。その目的は一般的にはキリスト教の聖地エルサレム奪還にあると言われるが、本当のところはわからない。少なくとも、その大義名分が目的のすべてでないことは確かだ。

覇権は800年の波の中で国家間を移動

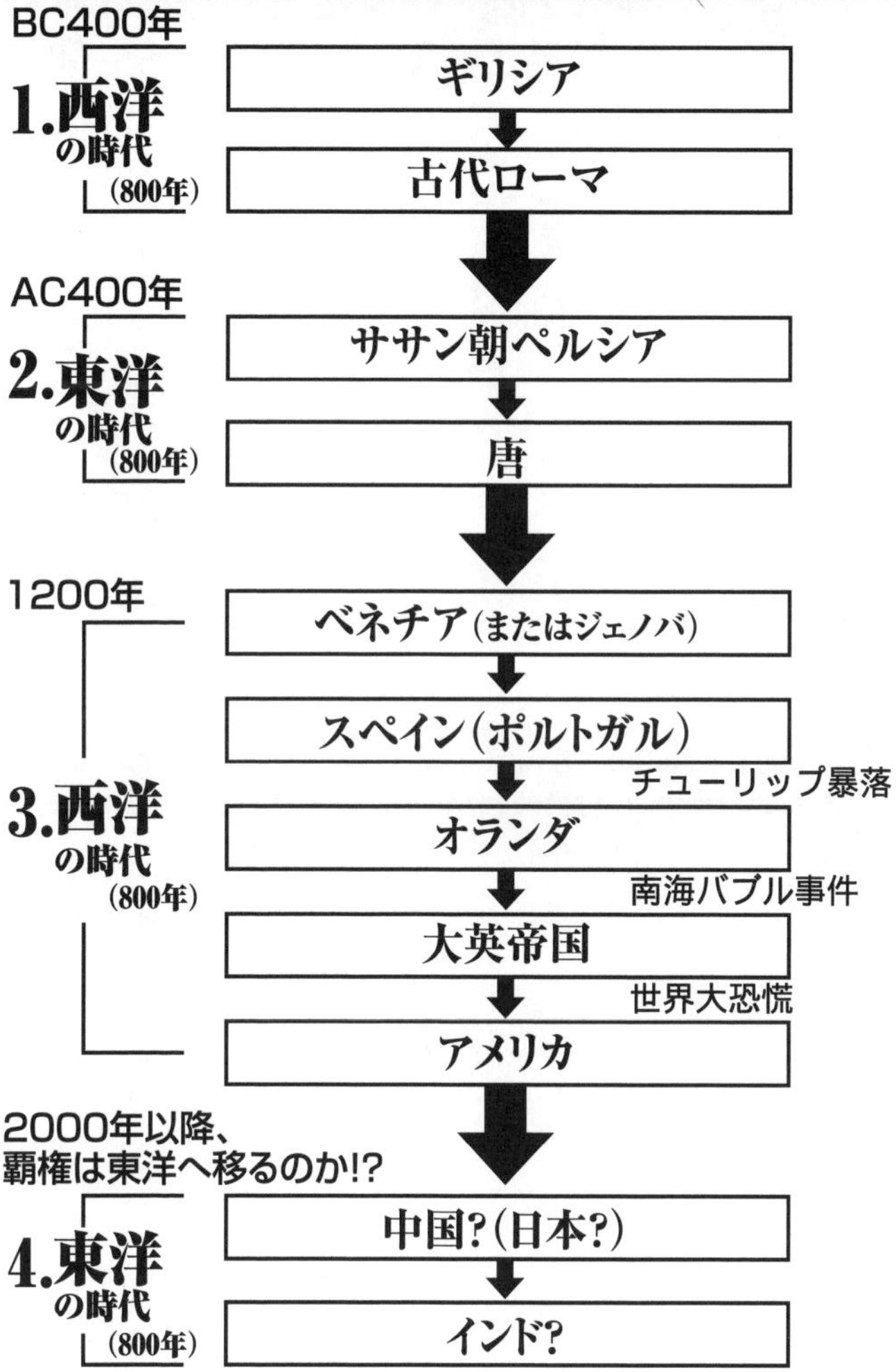

その証拠に、東方の光り輝く文明を見て驚愕した若きヨーロッパの兵士たちは、略奪の限りを尽くした。十字軍兵士が乗り込んだ帰路の船内は略奪品で満杯だったという。そこから地中海航路が始まり、その際の陸揚げの貿易港としてイタリアのベネチアが栄え始める。いずれにしても、十字軍の遠征についても文明移行期特有の民族大移動の一種と考えてよいだろう。

こうして、東方の高度な文明がベネチア（ベニス）、フィレンツェに伝わる。富も蓄積され、ルネサンスが花開く。またメディチ家が銀行業を営み、複式簿記を整えて資本主義の基礎を作った。

一方、東洋は没落した。チンギス・ハーンが登場し、ユーラシア大陸全土を大動乱に陥れた。蒙古軍の脅威は元寇という形で日本にまでおよんだ。あれほどの栄華を誇った唐・宋の文明もモンゴルに蹂躙され、元という軍事国家へと変貌させられた。日本においても、源平合戦により奈良・平安の貴族文明が終わりを告げ、軍事力が支配する武士の時代へと突入する。西洋が興隆し、東洋が没落した一二〇〇年から二〇〇〇年までの八〇〇年間を振り返ると、それは資本主義の時代であった。

そして私たちは現在、八〇〇年ぶりの文明移行期を生きているのだ。八〇〇年周期の法則に照らせば、西洋が没落し、東洋が興隆する番だ。文明の移行に伴う大動乱も覚悟しなければならない。果たして何が起きるのか？　これまでの八〇〇年間を「覇権の移行」という観点で振り返ると、そのヒントが得られるだろう。

西洋の時代に繰り返された覇権の移行

西洋の時代であったこれまでの八〇〇年間に、世界の覇権は「ベネチア→スペイン→オランダ→大英帝国→アメリカ」という順番で四回移行してきた。

まずイタリアでは、前回の文明の移行をもたらした十字軍遠征をきっかけにベネチアが地中海航路の貿易港として栄え、伝えられた東方の高度な文明はルネサンスとして開花する。イタリアから覇権を引き継いだのが、スペインだ。

スペインは無敵艦隊で知られる海軍力を用いた略奪により富を蓄え、一大海洋帝国を築き上げた。やがてスペインが凋落し、代わりに覇権を握ったのがオランダだ。スペインが軍事力を背景に発展したのに対し、オランダは経済力で発展して行った。実は、オランダの資本主義システムは当時からかなり進んでおり、特に金融についてはは現在とほぼ同じ仕組みが整えられていた。銀行システム、株式市場、先物取引など現在の資本主義の原型がすでにできあがっていた。

その後、覇権はオランダからイギリス、そしてアメリカへと移り、資本主義は確固たるものとなる。

覇権の移行は、バブルの膨張と崩壊を伴う

覇権の移行期には決まってバブルの膨張と崩壊を伴う。覇権が旧大国から新興大国へと移行する時、バブルが膨張し、そのバブルが弾けて大暴落が起こり、厳しい不況に見舞われるというパターンが繰り返されてきた。しかも、バブル

の膨張と崩壊はいずれも沈み行く旧大国ではなく、興隆する新興大国で起きているのも興味深い。

スペインからオランダへの覇権の移行期には、新興大国のオランダでバブルの膨張と崩壊が起きた。その時の投機の対象は、なんとチューリップの球根であった。オランダ経済の発展に歩調を合わせ、チューリップの球根の値段はみるみる上昇し、多くの人々が投機熱に浮かされた。珍しい品種になると、球根一個で家一軒が買えるほどの異常な高騰をみせた。しかし、このような異常な相場高騰がいつまでも続くはずもなく、チューリップ相場はすさまじい暴落を引き起こし、オランダに大混乱と深刻な不況をもたらした。

オランダが衰退し、イギリスへと覇権が移る際には、新興大国であるイギリスで「南海バブル事件」と呼ばれるバブルの膨張と崩壊が起きている。イギリス政府の後ろ盾のもとに設立された南海会社をめぐり、空前の株式ブームが起きた。しかし、事業計画の内実が明らかになると株価は大暴落し、イギリス経済を大混乱に陥れた。

そしてイギリスからアメリカへと覇権が移る際には、今度はアメリカで株の投機ブームが起き、やがて大暴落を演じた。特に株価の暴落はアメリカ経済に大不況をもたらしたが、影響はアメリカのみに留まらず多くの国々に波及し、世界恐慌へと発展した。

ところで、なぜバブルは旧大国、つまりその時の覇権国ではなく新興大国、つまり次の覇権国で発生するのだろうか？　ひと言で言えば、新興大国は旧大国に比べ国家としての成熟度が低いためだ。国家、国民の未熟さがバブルの膨張と崩壊をもたらすと言える。

その時々の新興大国というのは、決まって世界一の債権大国になっている。しかし、債権大国となった新興大国は豊かではあるものの、成金国家の域を出ない。国が豊かになるにつれ、市民もにわかに小金持ちになり、消費はもちろん投機も盛んになる。やがて投機対象の値上がりにより、ますます投機熱が高まる。こうしてバブルが形成されて行く。簡単に儲かる状況は、未熟な人々をますます楽観的かつ大胆にする。誰もが投機対象の値上がりを信じ、値下がりすることなどあり得ないと思い込む。

しかし、際限なく上昇を続ける相場はない。やがて、相場の異常さや愚かさに気付く人が出てくる。そのように気付いた人はいち早く売り逃げる。そのような人が徐々に増えて行くと、相場の上昇にブレーキがかかる。やがて上昇が止まり、徐々に下げ始める。すると、異変に気付く人がますます増える。人々はわれ先にと売り逃げ、下落が加速して行く。

そして、ある日突然、パニック的な売りが発生する。信用取引や借金をして投機に参加していた人たちは追い詰められて行く。買い手不在の状況で、売りが売りを呼ぶ展開となり、大暴落となる。こうして、バブルはあっという間に崩壊する。信じられないほどの上昇の反動で、今度は信じられないほどの下落に見舞われる。残念ながら、相場の適正水準で下げ止まることはないのである。

その結果、新興大国は最低でも一〇年、最悪の場合は三〇年もの間、バブル後遺症に苦しむことになる。新興大国にとって、その期間はきたるべき飛躍に備える試練である。バブル後遺症に苦しみ、悩みながらも前進し、それを克服した時、新興大国は名実共に真の覇権大国へと変貌を遂げるのだ。

覇権の移行は、植民地または同盟国で起きてきた

また、覇権の移行には次のような法則がある。その法則とは、「覇権は旧大国から、その旧大国の植民地または同盟国であった新興大国へと移行する」というものだ。

これまでの覇権の移行を検証してみよう。イタリアとスペインの関係を見ると、たとえば、ナポリ王国などは王国とは名ばかりで、長くスペインによる支配を受けていた。次にスペインとオランダについても、オランダは一時スペインの植民地になり、そこから独立した歴史がある。次のオランダとイギリスにいたっては、一時期国王が同じで同盟国以上に深い関係であった。言語も似ていて、英語の「サンキュー」という言葉はオランダ語では「ダンキュー」と言う。最後にイギリスとアメリカについては、アメリカはイギリス人が渡航して

イギリスの植民地となりそこから独立した国家であり、その後は強い同盟関係にあるのはご存じの通りだ。

「覇権争い」という言葉からイメージされるように、覇権は最強の国からそのライバルの国に移るように考えがちだが、そのような二大国間で覇権が移るということはないのである。たとえば、イギリスとフランスはヨーロッパの二大国として敵対し合うことはあっても、二国間で覇権が移ることはなかった。覇権国とそのライバル関係にある国はしばしば敵対し軍拡競争を繰り広げるが、力の劣るナンバー2の国家は軍事費の重みに耐えかねて没落して行くためだ。かつてのアメリカとソ連もまさにこのような状況で、アメリカからソ連に覇権が移ることはなかった。

このように、これまでの覇権の移行は植民地または同盟国という関係の中で起きてきた。アメリカも含め、言語や文化が近いこれらヨーロッパの国々はいわば親戚のような関係だ。

文明の移行と覇権の移行がもたらす衝撃

今回の覇権の移行は、これまでとはまったく異なるものになるだろう。何しろ、今回は単なる覇権の移行ではない。覇権の移行に加え、西洋から東洋へという文明そのものの移行も伴うからだ。

そのため、大変な混乱と軋轢が生じると考えられる。前回の大英帝国からアメリカへの覇権の移行の際にも、二度の世界大戦とその間には世界恐慌が発生した。そういう意味では、八〇〇年ぶりの文明の移行を伴う今回の覇権の移行のインパクトの大きさを考えれば、過去に例がないほどの経済混乱や市場の暴落に加え、大規模な戦争が起きる可能性が高い。相場が大荒れになるのみならず、世界中が血に染まるのは間違いない。

間もなく訪れる二〇二〇年代。平成の時代が終わり、次の元号の時代を迎える。おそらく次の元号は二〇～三〇年くらいは続き、相当厳しい時代になるだろう。平成のバブル崩壊どころではない、未曽有の大混乱に見舞われると覚悟した方がよい。来年か再来年には恐慌が発生し、さらにその数年後には日本が国家破産に陥るというのがもっとも可能性の高いシナリオだ。「恐慌経由国家破産プラス戦争」という困難の中、多くの人が資産を失うことになるだろう。

歴史に学ぶことと人脈が私を作った

バブル崩壊後、「失われた二〇年」と言われる中、これまでも多くの人たちが資産を失ってきた。しかし、私自身にはまったく当てはまらない。私はその間、市場の動きを利用して資産を大きく殖やしてきた。

そういう意味で、私にはこの本を書く資格があると自負している。よく自分の財産を殖やしてもいないのに、ただ有名になっただけでもっともらしく予測をする経済評論家がいるが、私はそのような人たちとは違う。私は実際に財産を殖やしてきて、その経験に基づいて皆様にアドバイスをしているのだ。

もちろん、神様ではないのだから、私の予測も外れることはある。ただ、大きなトレンドやトレンドの大転換については予測を大きく外すことはなかった。だからこそ、市場環境が極めて厳しい中でも資産を殖やすことができたのだ。

なぜ、私がこのような厳しい時代に、世の中のトレンドを的確に見極め、資産を殖やすことができたのか？　理由の一つは、私が歴史を人一倍学んできたことにある。八〇〇年周期説や覇権の移行などは、歴史の教訓から導き出された法則だ。このような法則を知らずして、大きなトレンドの変化を予測することは不可能だ。歴史にこそパターン性があるし、歴史以外にパターン性は存在しない。これは何も私だけではない。本章で取り上げたカイル・バス氏が好例だが、本当に稼ぐ、儲ける人というのは歴史の重要性をよく理解しており、歴史に対して深い認識があるものだ。

もう一つは人脈だ。私は日々、多くの人に会い、チャンスを見つけては取材を行なっている。著名人であれば、カイル・バス氏以外にも、世界的投資家ジム・ロジャーズ氏、ＨＩＳ創業者の澤田秀雄氏、最近では自民党の石破茂氏にも会い取材をした。もちろん、村山節先生のように一般にはあまり知られていなくても、「これは」と思った人には必ず会って話を聞くよう心掛けてきた。

人間一人の知識や知恵などたかが知れている。様々な人と直接会って話をすることで勉強になるし、自分には思い付かないような新たな知恵や発想を得られることもある。さらに強固な信頼関係を築くことができれば、普通は得られない極めて貴重な情報を得ることも可能だ。情報洪水と言われて久しいが、本当に重要で有益な情報というのはメディアやインターネット上には出てこないものだ。

人脈はただ作ればよいというものではない。世の中には有害な人脈だってある。そのため、付き合う人を選ぶ必要がある。また、有益な人脈は一朝一夕に築けるものではない。互いの信頼関係がなければ、有益な情報など到底得ることはできない。人脈は将来に備え、地道に築き上げて行くものだ。

資産運用に限らないが、人生で成功するには歴史の研究と有益な人脈形成が極めて重要になる。それを肝に銘じて、本書をご活用いただきたい。

第二章　二年以内に世界大恐慌がやってくる！

天井知らずで上がり続けるものなど存在しません。

（ジム・ロジャーズ）

間近に迫る株式市場の大激震

突然だが、ここで問題を出そう。＋一〇六％、▲四九％、＋一〇一％、▲五七％、＋三三二％……この数字をご覧いただき、最後の＋三三二％の次にくる数字を予想して欲しい。問題を出しておいて言うのもなんだが、実のところこれは未来のことであり、神様でない限り正解は不可能なのだ。しかし、私が予想したところでは▲五〇～八〇％程度に収まる公算が高い。

ところで、これらは何を表している数字だろうか？　これは、米国の代表的な株価指数である「S&P５００種」の一九九六年一二月三一日から二〇一八年九月三〇日までの騰落率である。S&P５００種は一九九六年一二月三一日の七四一ポイントから、二〇〇〇年三月二四日に一五二七ポイントまで上昇（＋一〇六％）。そこを高値とし、ドットコム・バブルの崩壊によって、四九％の下落を開始。二〇〇二年一〇月九日に底値である七七七ポイントを付け、そこから住宅バブルの勢いを受けて一〇一%の上昇を演じる。そして、二〇〇七年一〇月九日に高値である一五六五ポイントを付け、そこからサブプライム・バブル崩壊（とそれに続くリーマン・ショック）によって五七%という急激な下落を開始。二〇〇九年三月九日に、底値である六七七ポイントを付けた。

だが、ここから驚くべき大躍進が始まる。きっかけはFRB（米連邦準備制度理事会）による利下げと考えてよい。ベン・バーナンキ議長（当時）率いるFRBは二〇〇八年一二月一六日、大恐慌の再来を防ぐため事実上のゼロ金利政策を導入した。そこから遅れること三ヵ月、S&P500種は底を打ち、二〇一八年九月二〇日に直近の高値である二九三〇ポイントを付けている。その上昇率は、驚異の三三二%。底値からの上昇率、そして上昇を演じてきた期間は、過去のすべてのバブルのそれよりも高くて長い。そう考えると、次の調整はかなりの規模になると考えるのが自然だ。

ちなみに、米株式調査大手CFRAによると、一九四六年以降で一二回あった米国株の弱気相場における平均の下落率は三二・七%。すなわち、次の下落

利上げと共に崩壊してきた株式バブル

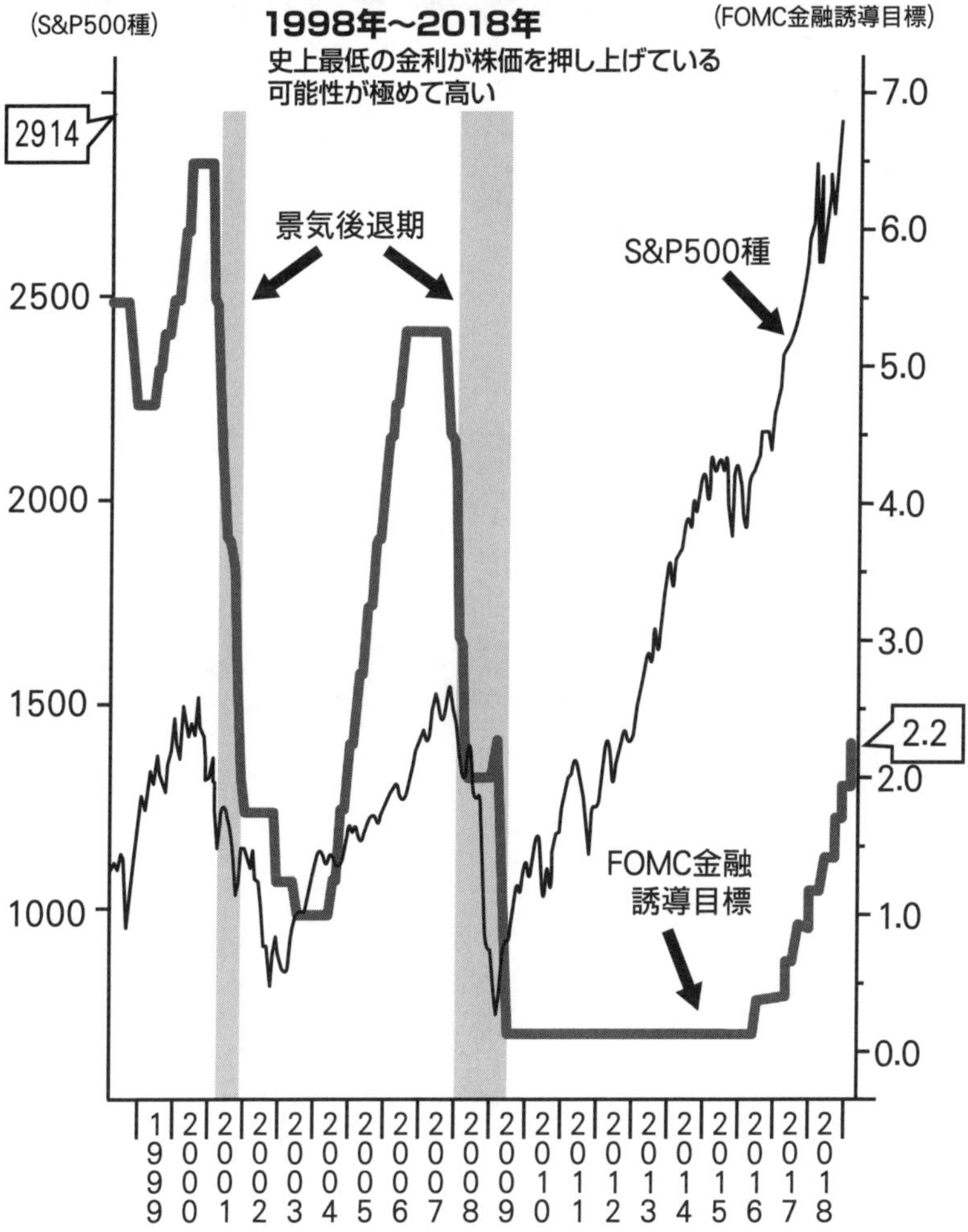

出所：ブルームバーグ

相場はどんなに低く見積もっても三割程度の調整は避けられそうにない。余談だが、日経平均株価のバブル崩壊時の下落率はドットコム・バブル崩壊の時で約四〇%、リーマン・ショックは五〇%、日本が震源地となった一九九〇年のバブル崩壊では四五%となっている。

「ベテラン投資家のジム・ロジャーズ氏(七五)は、株式の次の弱気相場について、これまでのいかなる下降局面よりも深刻なものになるとの見通しを明らかにした」(二〇一八年二月九日付米ブルームバーグ)。私もインタビューしたことがある著名投資家のジム・ロジャーズ氏の見通しは、より悲観的だ。同氏はかねてから「次の下落相場は自身の人生で最悪のものになる」と予想をしており、重要視している指標は、世界中で増え続ける〝債務〟だ。

国際金融協会(IIF)によると、世界の債務残高(政府、企業、家計)は二〇一八年三月末時点で一八六兆ドルに達した。これに金融セクターの債務を加えると、二四七兆ドルにのぼる。二〇〇八年末比で四三%の増加だ。

ロジャーズ氏が言うように、次の下落は先の大恐慌に匹敵する恐れもある。

当時の下落率は、戦慄の八〇％超え。現在の株価に当てはめてみよう。まずは前述した米株式調査大手ＣＦＲＡによる過去の米国株の弱気相場における平均の下落率三二・七％だが、Ｓ＆Ｐ５００の直近の高値である二九三〇ポイントを基準にすると、一九七一ポイントまで下落。次にドットコム・バブル崩壊時の▲四九％を当てはめると、一四九四ポイントまで下落。続いてリーマン・ショック時の▲五七％だが、一二五九ポイントまでの下落となる。

では、最後に大恐慌時の▲八〇％を当てはめてみたい。試算するだけでも恐ろしいが、計算すると驚異の五八六ポイントまでの下落となった。五八六ポイントである。目が点になった人も少なくないだろう。悲観論者である私でさえ、さすがに大袈裟だと感じた。しかし、過去に起きているため、実現する可能性は決してゼロではない。

先のサブプライム・バブル時も、多くの人は不動産価格が下がることなどないと本気で信じていた。そんなことは過去に例がないと。しかし、前例は存在したのである。それこそ、大恐慌の時だ。

サブプライム・バブル時の面白い逸話がある。それは、CDS（クレジット・デフォルト・スワップの略。債権を対象とした保険契約を指し、保険料を支払うことによりその債券の発行体がデフォルトした際に保険料の受け取り手からその債券の額面を受け取るという仕組み。あるいは、デフォルトに接近した際に価格の上がったCDSの権利を他者に売ってリターンを得る）を使ってMBS（住宅ローン担保証券。不動産担保融資の債権を裏付けとして発行される証券の総称）やCDO（合成債務担保証券。MBSにさらに高リスクの住宅ローンを混ぜて複雑化させた金融派生商品）を空売りしたサイオン・キャピタルのマイケル・バーリ氏が、米ゴールドマン・サックスにCDSの組成を申し込んだ時のことだ。

バーリ氏「モーゲージ債のCDSを買いたいんです。つまりクレジット・デフォルト・スワップです。破綻した場合に、保険金が出るもの」

ゴールドマン「住宅市場が破綻すると？」

バーリ氏「そうです」

ゴールドマン「どうして？　何百万人もが住宅ローンの支払いを止めない限り、破綻はしない。過去にそんな例はありません。失礼ですが、馬鹿げた投資だと思いますよ」
バーリ氏「ええ、確かに。今の市場や大銀行さんの感覚で言えば、まさに馬鹿げた投資でしょう。でも、それは大間違いです」
ゴールドマン「(苦笑いを浮かべて）面白い。ここはウォール街ですから、お金を捨ててもよいというのなら引き受けますけど」
バーリ氏「私が気がかりなのは一つ。おたくの支払い能力です。おたくの銀行にはモーゲージ債が破綻した場合に、持ちこたえるだけの体力はありますか？」
ゴールドマン「それ、本気で言っていますか？　住宅市場が破綻したら、うちが払えないと？」
バーリ氏「ええ、そうです」
そしてゴールドマン側は、少し内輪で話したあと、ＣＤＳの販売を許可する。

そして、ゴールドマンのスタッフ達はガッツポーズした。「金をドブに捨てる馬鹿がやってきた」と。

しかし、勝ったのはバーリ氏であった。バーリ氏が率いるサイオン・キャピタルは二〇〇八年九月のリーマン・ショックまでに、額にして二六億九〇〇〇万ドルの利益を叩き出している。

このように、ほぼすべての人たちが想像すらしていなかったことが起こる可能性は否定できない。確かに信じ難いが、大恐慌時のように米国株が八割の下落を記録する可能性はある。現在の株価が過去の水準と比べてかなりの高値にあることを考えると、過去の平均の下落率である三割でも世界の金融市場は阿鼻叫喚となるはずだ。そうした事態が、二年以内に起こり得る。

世界大恐慌時のアメリカで起こったこと

「私は昨年のこの時期にも、一昨年のこの時期にも言ったことと全く同じことを繰り返し強調しておきたい。早晩、破局（大暴落）が訪れる」——一九二九年九月五日、米マサチューセッツ州ウェルズリーに住むロジャー・バブソンという男がニュー・イングランド地方の投資家を目の前にしてこう警告を発した。民間エコノミストであるバブソンは、かれこれ三年ほど前から市場のクラッシュを予想し続けている。

「こいつは頭がおかしい」——誰もがバブソンの悲観論をあざ笑った。無理もない。バブソンがかねてからの警告を繰り返したこの日は、ニューヨーク株式市場が史上最高値（当時）を更新した二日後のことである。

バブソンの警告は誰からも相手にされなかったが、九月五日の講演後は株価が下落に転じた。これは俗に言う「バブソンの下げ」というもので、そのきっかけはバブソンの言説をダウ・ジョーンズ社が全米に配信したことにあるとされている。大暴落という、当時ではタブー視されていたワードがメディアで初めて使われたことで、カンが利く一部の投資家の売りが誘発されたというのが現代における解釈だ。

このバブソンの下げは炭鉱のカナリア（早期警戒信号。昔の炭鉱労働者が有毒ガスを察知するためにカナリアを炭鉱へ持ち込んでいたことに由来する）の代表例として、現在でもウォール街で語り継がれている。

当時、高名な経済学者がバブソンに真っ向から異を唱えていた。その名は、アーヴィング・フィッシャー。経済通の方ならご存じかもしれないが、フィッシャー氏はフィッシャー方程式を提唱したことで知られ、米国人として初めて経済学の教科書に名を残した学者とされている。自身も株投資によって多大な利益を上げていたフィッシャー氏は、「株価の上昇は新しい時代の始まり」だと主張し、強気相場が終わることはないと、悲観論を断固として否定した。メディアは二人の舌戦を面白おかしく取り上げたが、当時はほとんどの投資家がフィッシャー氏の見解を支持していたと言われる。実際に株価も上昇を続けた。

フィッシャー氏はその直後、のちに自身の名声を汚すこととなる伝説的な言葉を残すこととなる。それはブラック・サーズデー（暗黒の木曜日）の数日前に語った次の言葉だ――「株価は恒久的に続く高原地帯（プラトー）に達した」。

結果は知っての通り。一九二九年一〇月二四日のブラック・サーズデーと続く二九日のトラジディ・チューズデー（悲劇の火曜日）によりニューヨークの株価は完全に崩壊。株価のプラトーを予言したフィッシャー氏は全財産を失い、その後も強気相場の再来を主張し続けたため、学者としての名声も失うこととなった。

ハーバート・フーヴァー大統領（当時）は、「不況は周期的なもので、景気はまもなく回復する」という楽観的な声明を発するが、時を追うごとに事態は深刻化。ブラック・サーズデーから四年が経過した一九三三年になると、米国はもはや〝非常事態〟と呼ぶに相応しい状況にまで陥っていた。

当時の米国は、銀行に対する信頼感の低下→国民による預金の引き出し→企業への融資ストップ→企業の倒産→失業率の上昇という悪循環にはまり込んでおり、失業率は一九二九年の三・三％から一九三三年には二四・九％まで上昇。数百万人におよぶホームレスが街を徘徊し、社会不安は頂点に達した。

そこにバンクホリデー（銀行休業）が襲う。最初のきっかけは、一九三三年の二月にミシガン州で起きたバンクホリデーだったというのが通説だ。ミシガン州の一つの銀行が休業を宣言したことをきっかけに、全米にその情報が拡散。瞬く間に全米規模での取り付け騒ぎにまで発展した。これが決定打となり米国の金融システムは完全に崩壊。一九二九年から一九三三年までに全銀行の半数が倒産するに至ったという。

全米規模のバンクホリデーの直後に就任したフランクリン・ルーズベルト大統領は、「国家非常事態」を宣言。それまでの米国経済の特徴であった自由（放任）主義という考え方を大きく転換させ、国家が経済活動に介入するという方針へと舵を切り、その結晶としてのニューディール政策を打ち出した。

ルーズベルトはその一環として「大統領令６１０２」を発令、国民が保有する金《きん》を一トロイオンス（三一・一グラム）＝二〇・六七ドルで政府に拠出するよう命じ、金《きん》に対するドルの価値を一トロイオンス＝二〇・六七ドルから三五ドルに切り下げる形でインフレ政策を導入する。金《きん》の没収を伴ったこのインフレ政策は、現代でたとえると〝量的緩和〟といったところだ。

このドルの切り下げ（量的緩和）と財政出動によって、米国経済は息を吹き返す。失業率は一九三三年をピークとして下落に転じ、一九三六年には一人当たりの国民所得が恐慌前の水準にまで回復した。

しかし、一九三六年の金融政策を引き締めに転換したことがたたってか、一九三七年には一年間で株価が五〇％も下落。ＧＤＰ（国内総生産）もマイナス成長に陥り、米国経済は再び奈落の底へ突き落とされたのである。これが俗に言う、「ルーズベルト・リセッション」だ。このあと、世界が二度目となる大戦を経験したということは、説明するまでもない。

二〇一九～二〇二〇年は、極めて危険なトキ

さて、前置きが長くなったが、実は現在の状況が一九三七年に限りなく酷似していると警鐘を鳴らす人物がいる。米ヘッジファンド、ブリッジウォーター・アソシエイツのレイ・ダリオ氏だ。ブリッジウォーター社は世界最大の

ヘッジファンドとして知られ、運用総額は一五〇〇億ドル（約一六・五兆円）。大きく相場を張ることでも有名で、二〇一八年二月には欧州の主要銘柄に対して二二〇億ドル（約二兆三四〇〇億円）相当の空売りポジションを建てて話題を呼んだ。

この空売りがどれだけの利益（あるいは損失）を計上したかは窺い知れないが、欧州の代表的な株価指数である「ストックス・ヨーロッパ600」は、二〇一八年二月二六日の三八三・〇六ポイントから一ヵ月後の三月二六日には三六三・一八ポイントに低下、直近（二〇一八年末時点）では三四〇ポイントと低迷している。同指数の二〇一八年の年初来リターン（同年一二月時点）が約▲一二％と調整局面を迎えたことを鑑みても、ダリオ氏の戦略が奏功した可能性は低くない。

そんなヘッジファンドの帝王が、現状で最大限に危険視しているのが二〇一九年だ。ダリオ氏が率いるブリッジウォーター社は、二〇一八年六月に顧客宛ての文書でほぼすべての金融資産について弱気な見方を示している。「二〇一九年は、危険な節目に向かう。財政を刺激する要因はあるが、連邦準備制度の引き締め施策はピークを迎える」ことから、「我々は、ほぼ全ての金融資産について、弱気に見ている」（BUSINESS INSIDER 二〇一八年六月七日付）と断じた。

ダリオ氏は、かねてからここ数年の世界の情勢が一九三七年頃のそれと酷似していると指摘している。その理由は、もっともなものだ。一九三〇年代にルーズベルトが導入したニューディール政策は、ある種の量的緩和であるし、米国で二〇〇八年から実施された「ＱＥ１」から始まった量的緩和政策が停止したがゆえに、直近では金融相場が荒れている。そろそろリセッションが到来してても不思議ではない。また、ダリオ氏はこうも言う――「格差が拡大した結果、ポピュリズムが台頭している点でも酷似している」（Sankei Biz 二〇一七年九月一八日付）。

一九三〇年代のそれが再現するというのはさすがに言い過ぎかもしれないが、それでも似たような境遇に世界が置かれることは否定できない。歴史はまったく同じように繰り返すことはしないが、類似の状況が生起することはよくある。

一九二九年から一〇年後に世界が深刻な大戦を経験したように、先のリーマン・ショックが次なる地政学的な大波乱を招く可能性は決して否定できない。しかも次に世界的なリセッション（景気後退）が起きたとすれば、その実現性は否応なく高まるだろう。

ダリオ氏はこのほど、『大債務危機』（A Template For Understanding Big Debt Crisis）という書籍を上梓したのだが、そこで米国を筆頭に多くの主要国における債務危機は不可避であると説いた。また、現状（二〇一八年時点）は野球で言うところの七回であり、まだ残すところ二年あるという旨を別のインタビューで述べている。

ダリオ氏が景気サイクルを分析する上でもっとも重要視しているのが、債務サイクルだ。これは、債務による富の創造段階では景気が拡大し、債務が積もって返済に追われる段階になると景気は縮小、そして債務の負担が軽減されると景気は再び回復へと向かうという普遍的かつ単純なサイクルをダリオ氏は重要視している。こうした単純なサイクルには、短期と長期の二つがあると同氏は説き、短期的なサイクルは五～八年で一巡、長期的なサイクルは七五～一〇〇年で一巡するという。

ダリオ氏の見解では、一九二九年からの米国における長期的な債務サイクルが一巡した結果が二〇〇八年のリーマン・ショック。そして、危機の震源地となった米国の債務は現在、短期の債務サイクルの中期後半に差し掛かっているとし（二〇一七年五月のインタビューより）、米国の長期の債務サイクルは一巡したことから、その時点における米国への見通しは意外にも楽観的であった。「米国の債務規模は今後も拡大しつつも、経済面ではある程度の強い伸びが期待できる」。しかし、いよいよ二〇一九～二〇二〇年にかけて米国の短期的な債務サイクルも終盤に向かうというのが、同氏の最近の予測だ。

他方、長期的な債務サイクルの終盤に差し掛かっていると分析しているのが日本と欧州。確かに、日本の場合は一九四五年に実質的なデフォルトを起こしてから七〇年以上が経過している。ダリオ氏の考え方に当てはめると、長期のサイクルの終盤に位置している可能性が高い。欧州は国ごとに状況が異なっているため一概には言えないが、イタリアの債務問題などは紛れもなく危険水域に入っている。債務残高の高止まりとポピュリズムの組み合わせほど性質《タチ》が悪いものはない。前回の危機は各国が結束して金融危機に立ち向かったが、今回は前回の時よりも世界中で政治が分断化、先鋭化している。危機に協調的に対処するどころか、各国の対立がより鋭敏となるかもしれない。

米ウォールストリート・ジャーナル（二〇一八年九月一三日付）は、次のように〝次なる危機〟の到来を危惧する――「危機から一〇年がたち、金融システムは強固になったが、政治システムは当時に比べてはるかに脆弱だ。政治が分極化し、ポピュリズム（大衆迎合主義）が台頭し、保護主義が強まっているということは、次の危機が起きたときは、前回ほど強力な政治の意思を示すことは到底できないということだ」。

政治の対立に付随してもう一つ。それは、主要国を中心に財政が疲弊していることと、金利に引き下げ余地が乏しいという点でほとんどの先進国には次なる危機への対応余力がほとんど残されていないということだ。

もし、実際に危機が起きたら、〝ヘリコプター・マネー〟といったわかりやすい財政ファイナンスが導入されることも大いに考えられる。また、貧富の格差がさらに拡大することによって、内政の不満を逸らすために外敵を作る、すなわち「冒険主義」を打ち出す国家が現れても不思議ではない。

一九三一年六月、ニューヨーク発の大恐慌のあおりを受けてオーストリアの最大手銀行クレジット・アンシュタルトが破綻すると、これをきっかけに欧州全土で銀行に対する信頼が失墜、クレジット・アンシュタルト破綻のわずか二ヵ月後にはドイツの大手銀行ダナートが破綻した。その影響は、欧州全土に例外なく波及。すると、ある一国が冒険主義を打ち出したのである。

それは、イタリアだ。当時のイタリアは国家ファシスト政党の党首ベニート・ムッソリーニが率いていたが、一党独裁であったにも関わらず経済の大幅減速により国民の不満が噴出。危機感を覚えたムッソリーニは、国民の不満と視線を逸らすために冒険主義を打ち出し、当時のアフリカでは最後の独立国であったエチオピアに五〇万もの兵を率いて侵攻を開始した。一九三五年一〇月のことである。ムッソリーニは、侵攻からおよそ二年後にエチオピアを制圧するが、驚くべきことに当時の民主主義国家はこの世紀の愚行を黙殺した（国際連盟は経済制裁を決議したが、当時の国際連盟は意思の統一が図られておらず実質的に効力はなかった）。この事例に、ムッソリーニのファシズムに傾倒していたドイツのアドルフ・ヒトラーが着目、彼はイタリアの事例から他国を侵攻しても民主国家は手を出せないと認識し、のちにポーランド侵攻を決断する。そして、世界大戦が始まった。

「一九三〇年代との比較は不謹慎だ」、と言う人が少なからずいる。しかし、世界情勢がひっ迫の度合いを深めているということは論を俟たない。次項では、債務の観点からいかに世界が危険なレベルに突入しているかを検証して行く。

「ソブリン・クライシスの時代」再び

ＣＭＥ（シカゴ・マーカンタイル取引所）グループの著名エコノミストであ

るエリック・ノーランド氏は、長年の研究の結果「国が抱える借金の総額は、公的債務と民間債務の合計額によって示される。これがＧＤＰの二五〇％に近づくと、金融危機のリスクが深く根を下ろすようになる」（ＣＭＥグループホームページ二〇一六年三月二八日付）と結論づけた。

これは同氏が二〇一六年に発表した「債務まみれの国々：有事における脆さ」と題したレポートの内容に基づく。ノーランド氏は、一九八九年の日本、二〇〇七年の米国、二〇〇九年の欧州諸国で総債務残高（対ＧＤＰ比）が二五〇％を超えた直後に危機が起きたことを引き合いに、現在では中国と香港、オーストラリア、カナダ、シンガポール、そして韓国を筆頭とした多くの国が危機的な状況に瀕していると警鐘を鳴らした。

このレポートから二年が経ったが、債務危機はいまだ顕在化していない。しかし、世界の債務問題は深刻度を増すばかりである。冒頭でも述べたが、国際金融協会（ＩＩＦ）によると、世界の債務残高（政府、企業、家計）は二〇一八年三月末時点で一八六兆ドルに達した。これに金融セクターの債務を加えると二四七兆ドルにのぼる。二〇〇八年末比で四三%の増加だ。

ちなみにBIS（国際決済銀行）によると、二〇一八年三月末時点のG20における総債務残高（金融セクターを除く）の対GDP比は二四七・八%。前出ノーランド氏の基準に当てはめると、G20加盟国のすべてが次なる危機の引き金を引く可能性があるということである。

そこで私は、このレポートとBISの報告書を基に、総債務残高が対GDP比で二五〇%を超えている（あるいは接近している）国を抽出し、「次回の金融危機を引き起こす恐れのある国」と「危機のきっかけとなる可能性は低いが、次なる危機に対して極めて脆弱な国」、そして最後に「総債務残高は少ないが、企業セクターの米ドル建て債務が急増している国（ドル高に脆弱な国）」に分類した（七八、七九ページ参照）。

企業セクターの米ドル建て債務が急増している国についての補足だが、現在、新興国セクターを中心に米ドル建て債務が急増している。調査会社ディーロジックによると、米国を除く世界のドル建て債務残高は二〇一七年末時点で五

世界全体の債務は15年で150兆ドル増えた

(単位：兆ドル)

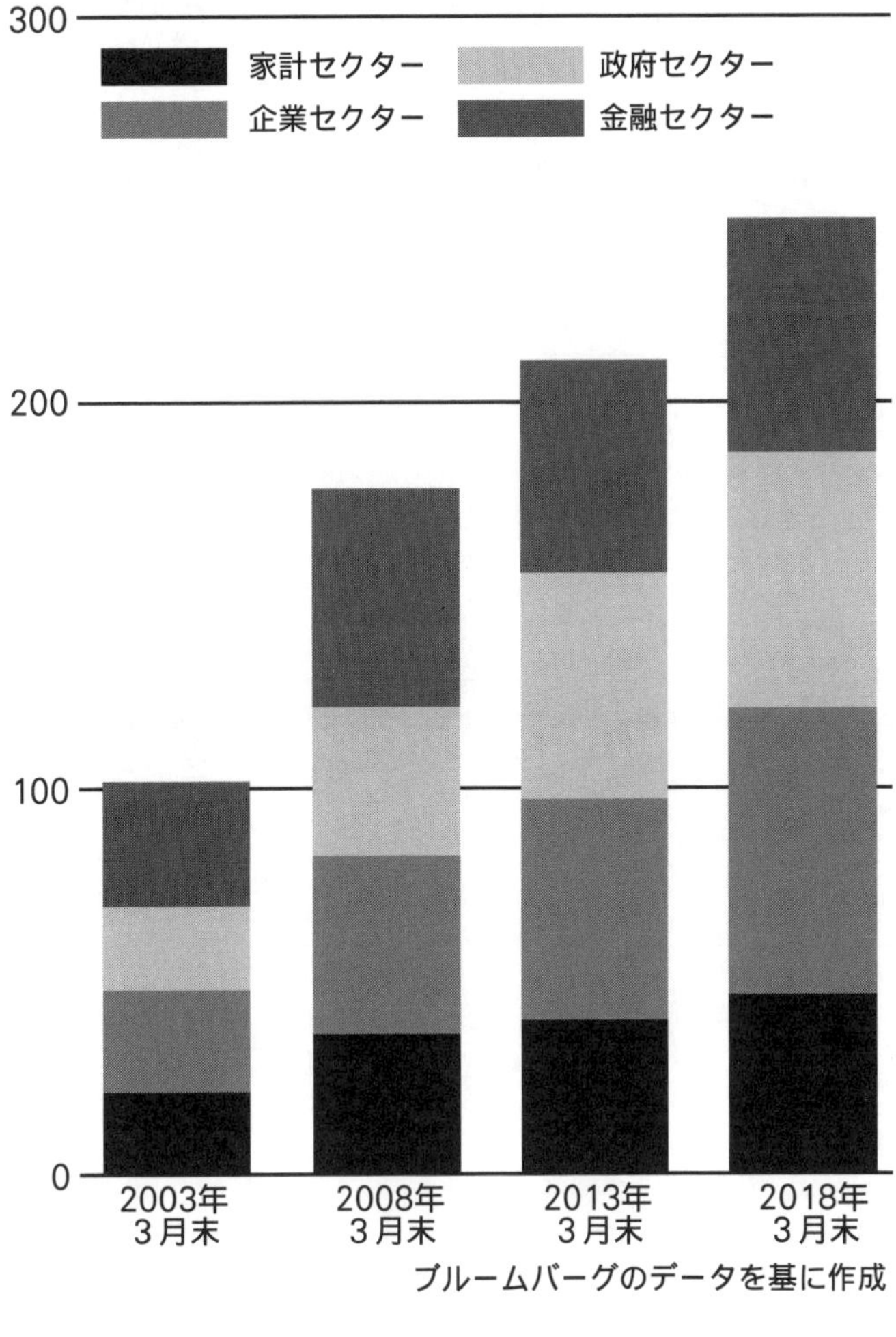

ブルームバーグのデータを基に作成

兆九一五〇億ドル（そのうち、新興国は二兆八三五〇億ドル）。二〇〇八年から二倍に増えた。前出CMEグループのエリック・ノーランド氏は、かつてのアジア通貨危機やアルゼンチンのデフォルトを引き合いに出し、「金融危機は、債務の水準がずっと低い時にも起こり得る」と指摘する。

私が債務に関して危惧しているトレンドは以下の三つだ。一つ目は、中国と香港の企業債務。二つ目はオセアニア圏とカナダの家計債務。そして、日本やイタリアなど先進国の政府債務だ。

一つ目と二つ目に関しては、第四章で述べる。ここでは次なる金融危機のあとに待っているであろう、ソブリン・クライシス（国家債務危機）について簡単に触れておきたい。七七ページの図を見ればわかる通り、この一〇年間でもっとも高い増加率を示したのが政府セクターの債務だ。三七兆ドルから六七兆ドルに増えている。このほとんどが先進国によるもので、次に世界的な経済危機がやって来た際の対応余力はほとんど残されていない。

「危機の歴史をたどると、IT（情報技術）バブルでは企業の債務が膨らん

世界全体のセクター別の債務残高の推移

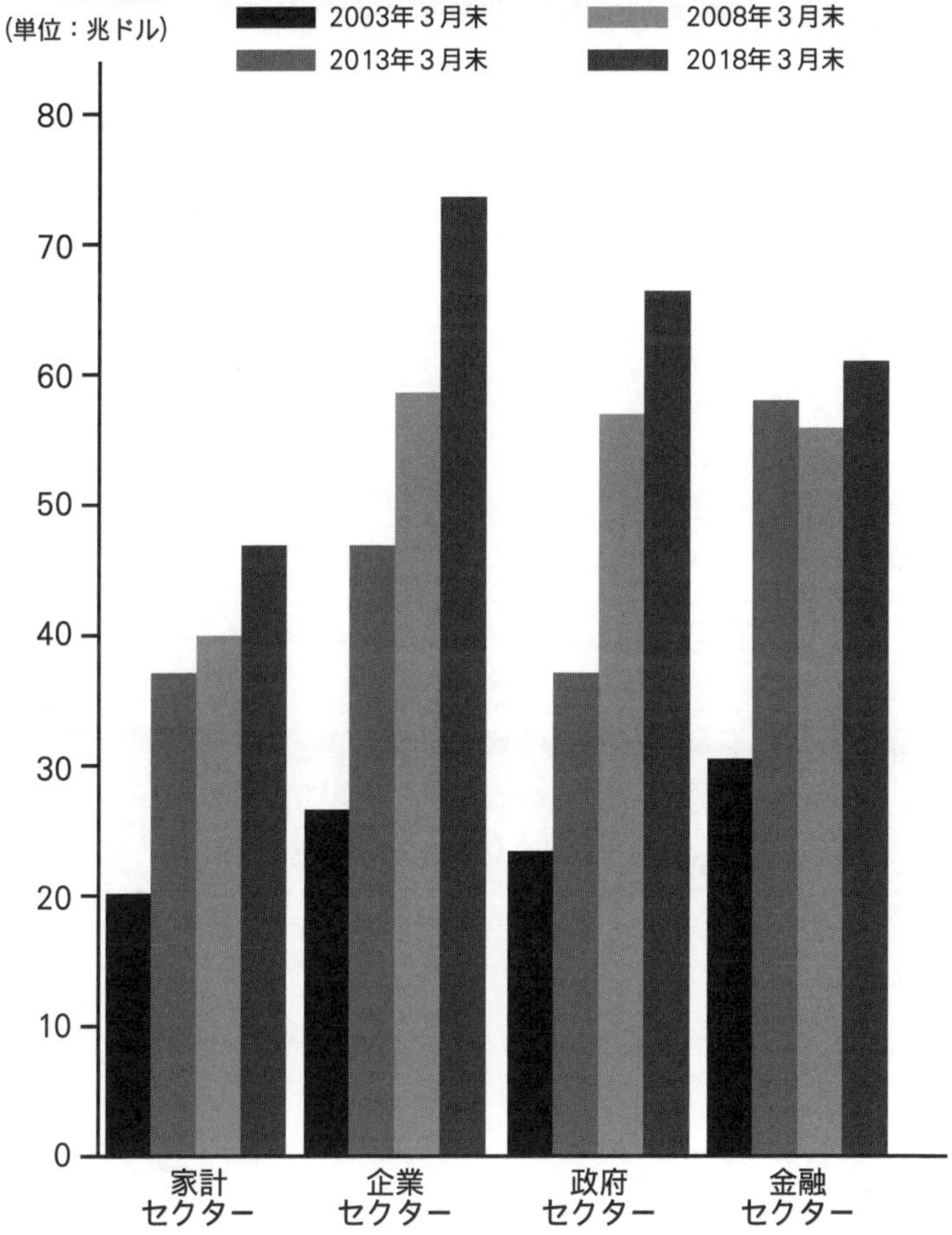

IIF、BISのデータを基に作成

次回の金融危機を引き起こす恐れのある国

※2018年3月末時点の総債務残高の対GDP比（金融セクターを除く）

中国	261.2%
香港	376.1%
カナダ	287.8%
オーストラリア	237.9%
ニュージーランド	202.4%
スイス	273.1%
ノルウェー	281.4%
スウェーデン	282.3%
韓国	232.8%

※上記の国はいずれも不動産バブルが生じている

総債務残高は少ないが、企業セクターの米ドル建て債務が急増してきた国

※2018年3月末時点の総債務残高の対GDP比（金融セクターを除く）

メキシコ	77.5%
南アフリカ	127.0%
ブラジル	152.9%
インドネシア	68.3%
トルコ	117.0%
インド	127.2%

危機のきっかけとなる可能性は低いが、次なる金融危機に対して極めて脆弱な国

※2018年3月末時点の総債務残高の対GDP比（金融セクターを除く）

ルクセンブルク	417.7%
日本	368.7%
アイルランド	316.4%
ベルギー	337.6%
ポルトガル	313.6%
フランス	302.8%
ギリシャ	298.8%
オランダ	341.6%
シンガポール	289.9%
英国 ※ただし、ブレグジットの如何によっては「次回の金融危機を引き起こす恐れのある国」に分類される可能性あり	279.9%
スペイン	268.1%
米国	250.5%
フィンランド	243.6%
オーストリア	224.9%

だ。住宅バブルでは債務問題は家計に移った。次に国債を発行して危機を救済した政府の債務が膨らみ、その国債を中央銀行が量的金融緩和のなかで吸収している。債務移転の流れを考えると、中銀が管理する各国通貨にリスクがたまっているようにもみえる」（日本経済新聞二〇一七年八月一四日付）。

記事が指摘しているように、リーマン・ショックをきっかけとして債務リスクが民間セクターから政府セクターに移転したのだ。それゆえ、長期的な観点で重債務国の不換紙幣に注意が向けられるのはある意味で当然である。想像力を膨らませると、次の世界的な金利上昇局面ではいくつかの政府が危機に陥り、その当該政府が発行する不換紙幣（法定通貨）が紙キレになるという事態も想定できなくはない。不換紙幣の信用失墜は、まさに究極の危機と言える。

しかし、世界的にインフレ率は低位安定しており、ほとんどの人は金利がかつてのように高い水準に戻るとは考えていない。また、インフレ率の低下に伴う金利の低位安定によって各国の利払い負担は軽減している。驚くことに、債務の絶対額はリーマン・ショックからの一〇年で劇的に増えたが、利払い負担

（対ＧＤＰ比）は低下した。各国の政府や企業、個人はこの低金利が永続化することを前提に債務を増やし続けているとも言える。

　では、死角はないのか？

　それは、関税にある。世界銀行によると、世界の関税率（平均）は一九八〇年代に三〇％台を付け、一九九〇年代初頭には四〇％でピークを打った。それが二〇一〇年代には六％にまで低下、それと歩調を合わせるように世界のインフレ率（平均）は九〇年代の約三〇％から現在は三・三％にまで低下している。

　米国のドナルド・トランプ大統領は貿易赤字を解消するために関税の大幅な引き上げを叫んでいるが（それらのいくつかは実行に移されている）、世界中で関税が復活すればインフレ率の上昇は必至だ。それともう一つ、中東における戦火によって原油が思わぬ形で上昇する可能性も捨てきれない。

　理由はともかく、低金利という命綱を失った時点で、世界を本格的なソブリン・デフォルトの嵐が襲う恐れがある。溜まりに溜まった債務に火が点いたら、完全にアウトだ。

第三章　その数年後に今度は日本国が破産する!!

チャンスに出会わない人間は一人もいない。
それをチャンスにできなかっただけである。

（アンドリュー・カーネギー）

戦争のない祖国から逃れる人々

移民たちは四度という凍てつく寒さの中、数時間待った。そしてメンドーサ・ランディネス一家の一九歳のエリアナさんがバスに乗れないという、悪い知らせがもたらされた。身分証明書がボロボロだったため、入国管理局の職員は証明書が偽物だと思ったのだ。エリアナさんと五か月の赤ん坊ティアゴちゃんは後に残ることになった。

この決断を迫られた一家を見るのは心が痛んだ。エリアナさんと一緒に残れば、一家全員がペルー国境を越える期限に間に合わなくなってしまう。そこでエリアナさんと赤ん坊はロメジ一家と共にキトに向かい、残りの家族はバスに乗ってペルー国境に向かうことになった。私たちは急いで彼らを追いかける運転手を雇った。

バスは途中何度か休憩しながら、六七〇キロ走った。国境の町ウアキリャスに到着したのは、八月二五日午前四時だった。期限を四時間過ぎていて、間に合わなかった。一家の顔には猛烈な怒りと無力感が浮かんでいた。

（AFP BB NEWS　二〇一八年一〇月五日付）

このルポは、コロンビアのカリを拠点に活動するフォトグラファー、ルイス・ロバヨ氏がAFPパリ本社のヤナ・ドゥルギ記者と共同で執筆し、二〇一八年九月二六日に配信された英文記事を日本語に翻訳したものだ。「移民たち」とあるが、読んでおわかりの通り、通常の移民ではない。経済が完全に崩壊し、年率一〇〇〇万％という想像しがたいハイパーインフレに見舞われている南米・ベネズエラからの難民だ。

難民と聞くと、今日多くの読者は「シリア難民」が頭に浮かぶのではないだろうか。シリア難民とは、どのような状況下で生まれたのだろうか。ひと言で言えば、内戦である。二〇一一年三月一五日、シリアでは民主化を求めるデモが各地に拡大した。当時、中東諸国に広がった民主化要求運動＝いわゆる「アラブの春」の一つである。親子二代、四〇年にわたって強権的な政権運営を続けてきたアサド政権の打倒を目指し、多くの市民が立ち上がったのだ。

しかし、その後のシリアはアサド政権が倒れぬまま諸勢力が入り乱れる泥沼の内戦へと突入。その後の七年間で三五万人以上が死亡した他、国外に逃れた難民と国内に留まる避難民は、合わせておよそ一二〇〇万人にのぼるという。

シリア難民は本書のテーマではないので、これ以上述べることはしない。ここでシリア難民について触れたのは、多くの場合、難民は内戦などの戦争によって生まれるものであることを伝えたかったからだ。

しかし、ベネズエラ難民はそうではない。先のAFP通信のコラムのタイトルは、「戦争のない祖国から逃れる人々」。ベネズエラは外国からの攻撃で国土が荒廃したのでもなく、内戦でメチャクチャになったのでもない。しかし祖国から逃れる民はあとを絶たず、国連によればその数は三〇〇万人に達したという。なぜ、そんなことになったのか——それこそ、経済破綻である。

コラムのラストは、このような言葉で結ばれている。「ベネズエラの人々は、経済的な理由――医薬品が不足し、職があって給料をもらっていても、家族のための食料が買えない――から自分の国から避難しているのだ。平和な国から避難しなければいけない人々がいるということは、本当に悲劇的だ」（同前）。

二〇一七年のインフレ率は一〇〇〇％！

これを読んでも、読者の皆様は今一つピンとこないのではなかろうか。医薬品の不足と食糧不足という理由で、平和な国から避難する……もう少し、ベネズエラの現状をお伝えする必要があるだろう。今よりはまだましだった二〇一七年当時のベネズエラの様子を、『ＡＥＲＡ』二〇一七年七月三一日号が伝えている。記事のタイトルは「価値観さえも失われる　ベネズエラ、物価急騰で『お金も食べ物もない』」とあるが、一部引用しよう。

――「独善的な政治による混乱と、ハイパーインフレーションによる経済危機が、国民を追い詰めている。お金がない。食べ物がない。治安も極度に悪い。人々の道徳心すらも消えていく。信じてきたあらゆる価値観が失われていく」そう嘆くのは、ガブリエルさん（四八）。（中略）

今回、筆者はＳＮＳを通じて、ガブリエルさんを取材した。米国に住む共通の友人から紹介されて知り合った。同じく接触を試みた他のベネズエラ人たちは、「政府のスパイが取材と偽っているのではないか」「話すこと自体が危険」などとして取材を拒否。それでもガブリエルさんは「国民の窮状を日本の人たちに伝えたい」として、ファーストネームだけの開示を条件に応じてくれた。（中略）

妻とあわせた収入は月約六〇万ボリバル。公式レートでは一ドル＝一〇ボリバルだが、ガブリエルさんによると、実際の市場では一ドル＝七千～八千ボリバルの闇レートが妥当だという。その計算だと、ガブリエル家の月収は八〇ドル前後。日本円で一万円以下の価値にしかならない。

一方で物価はうなぎ登りだ。三年前は商店でフランスパンが五〇ボリバルで買えたが、昨年は五〇〇ボリバルと一〇倍になり、今年はさらに一〇倍の五千ボリバルになったという。ガブリエルさんは怒る。「物価の上昇は年ごとではなく、月ごとだ。知恵を絞って副収入を得るようにしているが、どれだけ頑張っても安定した生活なんて送れるはずがない」。（中略）

物価高騰に加え、市場に出回る食品や生活必需品が圧倒的に不足している。そのため、物品の購入日は国民ごとに決められているという。

ガブリエルさんの購入日は毎週火・土曜日、妻は水・日曜日だが、「店には夜明け前から長蛇の列ができていて、何時間も待たされる。平日に並ぶには仕事を休まないといけない。並んでも、何が手に入るかは分からない」。店は指定日以外には売ってくれないし、指定日であっても、牛乳や砂糖、トウモロコシ粉などは容易に手に入らない。

治安が極めて悪いため、長時間並んで待つことは、銃撃やもめごとに巻き込まれる危険と隣り合わせだという。そのため、物品を転売する闇商人から購入する人たちも少なくない。もちろん価格はさらにつり上がる。店では八〇〇ボリバルで買えるトウモロコシ粉を闇商人は四千ボリバルで転売する。そこで物がなくなれば、別の闇商人を紹介されるが、そこでは八五〇〇ボリバルを支払うという。

「店で買うよりも何倍も支払うことになるが、列に並ぶより安全だし、購入日に関係なく、いつでも買えるため、仕方がない」とガブリエルさんは話す。

（『ＡＥＲＡ』二〇一七年七月三一日号）

二〇一九年のインフレ率は一〇〇〇万％!!

これを読まれて、ベネズエラのトンデモナイ経済の状況が大分イメージされてきたのではないだろうか。ちなみに、この二〇一七年段階での物価上昇は一年で一〇倍ということだから、年率で言えば約一〇〇〇％ということになる。

しかし、今のインフレ状況はそんなものではない。国際通貨基金（ＩＭＦ）は二〇一八年一〇月九日、一九年のベネズエラのインフレ率予測を発表した。その数字はなんと年率一〇〇〇万％！　驚愕せざるを得ない。わずかの期間で、悲劇的に経済は悪化しているのだ。まさに破綻状態である。確かにこれでは、国を捨てて他国に逃げざるを得ないだろう。

ベネズエラを逃れた民は、同じスペイン語圏の隣国コロンビアやエクアドル・ペルー・チリなどに向かったが、ペルーやエクアドルは非常事態を宣言。難民規制の空気が高まるにつれ、彼らはやむなく熱帯雨林や高地を縫ってポルトガル語圏ブラジルを目指すに至った。

しかし、ブラジルも安住の地というわけには行かなかった。ベネズエラと国境を接するブラジル北部の町パカライマでは、ベネズエラ人が襲撃される事件が相次いで発生した。ベネズエラからの避難民に反発するブラジルの地元住民の抗議行動が一部暴徒化し、避難民のテントに火を点けたり、石を投げ付けたりする事態に発展したのだ。

暴動のきっかけは、ブラジル人が襲われた強盗事件だった。二〇一八年八月一七日夜、パカライマで雑貨店を営むライムンド・オリベイラさんが自宅に戻ったところ、待ち伏せしていた四人組に襲われ、金を奪われた上、頭や顔、足を刃物で切られた。現地報道などによると、容疑者はいずれもベネズエラ人。ロライマ州都ボアビスタでも九月六日夜、ブラジル人がベネズエラ人避難民に殺害される事件が発生。目撃した地元住民が集団で犯人のベネズエラ人を襲い、殺害した。

生きるために、どんな手段をもってしても金・物が欲しいベネズエラ人。その犯罪行為に激高し、襲撃にまでおよぶブラジル人。悲しいけれども、ブラジル人の反応もわかると言わざるを得ない。

日本に逃れてきた避難民の声——「日本でも起こり得る」

ベネズエラ避難民は、伝手を頼って行き先を探し続ける。中には、数は少ないが、日本に逃れてきた人もいる。二〇一八年八月二九日付日本経済新聞は、「ベネズエラ窮状、絵で訴える、滞在三八年の画家『地球の裏側 目を向けて』」と題する記事を掲載した。二〇一六年まで三八年間ベネズエラで暮らした画家、小谷孝子さん（現在は千葉県浦安市在住）の声を伝えたのだ。

小谷さんは結婚を機にベネズエラに移住。首都カラカスでは一三年以降、スーパーの棚から日用品が姿を消し始め、一四年には、わずかな食料を入手するため数時間、店に並ばねばならなくなった。

「赤子に与えるミルクがなく、米のとぎ汁やパスタのゆで汁を飲ませる母親もいた。食べ物を得ようと大人や子どもが街中でごみ箱をあさる光景が、あちこちで見られた」という。

治安が悪化して外国人を狙った強盗や殺人が頻発するようになり、「次第に心に余裕がなくなって、人間性が失われていくのを感じた」。一六年三月、日本に帰国した。（中略）

小谷さんは「政治の停滞が、市民生活にこれほど深刻な影響を及ぼすことになるとは思いもしなかった」と回顧し、「ベネズエラのような危機は日本でも起こり得る。政治に無関心であってはならない」と訴えている。

（日本経済新聞二〇一八年八月二九日付）

私はこの記事を読んで、なんとしても小谷さんに会って直接話が聴きたいと思った。何か、力になりたいと思った。そして様々な伝手を頼って、ついに小谷さんと会って話を聴くことができた。その話はあまりに生々しく、想像を絶するものであった。

ベネズエラの政治・経済を少し調べると、今の大混乱の始まりは一九九九年に発足したチャベス政権にあるようである。ただ、ウィキペディアによれば、チャベス元大統領は「反市場原理主義、反新自由主義を鮮明に掲げ、富の偏在・格差の縮小など国民の大多数に及んだ貧困層の底上げ政策が中心で『二一世紀の社会主義』を掲げていた」「内政では保健と教育を最重要視する政策をとっている。低所得層が住む地区での無料診療所の開設、学校の建設、非識字者や学校中退者のための補習プログラムなどがその例である」（ウィキペディア）という。貧しい国であれば、一見、悪い政策には思えない。

しかし、小谷さん曰く、それは最初のスローガン・口先だけだったという。たとえば医療。今、ベネズエラで診察を受けるためには、なんと注射器や薬、あるいは食べ物を持って行かないと受けられないのだという。病院には何もないというのだ（さらに言えば、交通機関も動いていないから病院に行くこと自体大変だとのこと）。

社会主義を掲げるなら、貧しくても食べ物の配給はあるのかと思いきや、そのためには証明書が必要だとのこと。その証明書というのが驚きだ。私たち日本人の感覚からすると、所得（が低いことの）証明書のようなものをイメージするが、そういうものではない。なんと、現政権（チャベス体制を引き継いだマドゥーロ政権）に頭を下げる、支持をするという証明書なのだという。さらに、そうして配給された食べ物も腐った肉だったりするという。

電気・ガス・水道が止まるのはしょっちゅう。雨が降ったあとの水道は真っ茶色に濁る。当然、病気になる人も多いが、医療機関は上述した状態。赤ちゃんや子供はどんどん亡くなって行くが、棺桶もないので、段ボールや布にくるんで庭に埋めているという。

治安の悪化もすさまじい。小谷さんの娘さんは、銃で脅されて携帯電話を取られた。それも自宅でである。たまたま、多くのお客様を迎えるために玄関を開けていて、その時携帯を使っていた。それをバイクに乗って通りがかった男に見られた。そのバイクの男が引き返してきて、銃を突き付けたのだそうだ。

では、警察はそういう犯罪にどう対処してくれるのかというと、逆に警察の方が怖いそうだ。だから、たとえ身代金目当ての誘拐などに遭っても、警察には言わない。言ったらもっとひどい目に遭うという。もし、自分の子供が誘拐されてしまった場合は、自ら知人などを頼って救出を図る。こんな体制だから、当然反対派は多い。それに対して、私服だけれども逮捕権限を持っている警察官（秘密警察）がいて、捕まえて拷問にかけるのだという。

私は「現場主義」を信条とするジャーナリストだから、どんなに危険なところであろうとも世界を股にかけて情報収集してきた。かつてトルコに行った時には、私が泊まったホテルがチェチェンの武装集団に襲撃され、私たち宿泊客を人質にホテルに立てこもったという事件に遭遇したことすらある。だから今回、私はベネズエラの現状を知るために、現地に飛ぶつもりでいた。

しかし、あまりにすさまじい彼女の話を聴いて、さすがの私も直接ベネズエラに足を踏み入れるのはやめることにした（しかし、二〇一八年末～二〇一九年初頭にかけて近隣の中南米諸国に取材に行き、避難しているベネズエラ人からも様々な話を聴くことができた）。

彼女は、今ベネズエラでは誰もが知っている格言を教えてくれた。スペイン語で「Éramos felices pero no lo sabíamos」。日本語訳すると「幸せだったのに、その時は気付かなかった」。そして彼女は、先の日本経済新聞の記事の最後でも使われていた言葉を私にも言った。――「ベネズエラのような危機は、日本でも起こり得る。政治に無関心であってはならない」。

ベネズエラも日本も、財政赤字を中央銀行が穴埋め

そう言われても、多くの日本人は「ベネズエラと日本じゃ、経済が違い過ぎる」と一笑に付すことだろう。しかし私は、「そんなに楽観視していてよいのだろうか」という危惧を抱いている。

実は、ハイパーインフレに苦しむ極貧国・ベネズエラと、今でも世界第三位の経済大国であるわが日本とでは、政策の面で共通点があるのだ。それも財政・金融政策においてだ。だからこそ、私は楽観視はできないのだ。

私は小谷さんの話を聴いて、また別の日本経済新聞の記事を思い出した。二〇一八年九月一七日付の日本経済新聞電子版。東短リサーチ社長でチーフエコノミストである加藤出氏による「ハイパーインフレに苦しむ国々　日本も教訓」と題する記事だ。

加藤氏は、ハイパーインフレに陥っているベネズエラの概況を伝えた上で、

国際通貨基金（ＩＭＦ）がベネズエラ政府に対して行なった警告を紹介している。その警告とは、ベネズエラ政府が財政赤字を中央銀行のマネー供給でファイナンスし続けるなら、ハイパーインフレは加速して行くというものだ。そしてそれに続けて、加藤氏はこのような指摘をしている。「財政赤字を中銀マネーで穴埋めし続けているのは、わが国も同じだ」と。

そうなのである。財政赤字を中央銀行のマネー供給（マネタリーベース）で埋めるという構造自体、ベネズエラと日本とで同じなのである。ではなぜ、ベネズエラは制御不能のハイパーインフレに陥り、わが国は二％のインフレ目標すら達成できない、良く言えば安定しているのだろうか？　それは、読者の皆様もお感じの通り、経済を支えるベースがベネズエラとは比較にならないくらい厚みがあるからである。

加藤氏も指摘しているが、一時よりは減ったとはいえ、わが国には国際競争力のある企業もまだ少なくないし、もし通貨安＝円安に見舞われたら、現状ならむしろ企業業績は上がる。また、決定的な事実はベネズエラが石油埋蔵量世

2019年年明け現在、国家破産状態のベネズエラ。上はデモを起こした国民が軍に対抗している様子、下はゴミの中から食糧を探し出してむさぼる人。（2019年ベネズエラにて。浅井隆が現地のジャーナリストに依頼して撮影）

界一の国であるということである。「それは、良いことじゃないか」と思う読者もいるだろうが、その豊かな資源があるということが、逆に作用するのだ。

経済学に「資源の呪い」という言葉がある。資源が豊富な国においては、資源輸出に経済が依存してしまい他の産業が育たない。日本は、資源がないからこそ様々な工夫・努力を積み重ねて、廃墟の中から経済大国にまで上り詰めることができた。また、資源国は依存している資源価格の変動により、資源価格が高い時はよいが、下落するとストレートにダメージを受ける。二〇一四年後半からの原油価格の急落（一バレル＝一〇〇ドル台から半値以下に。一時は約三〇ドル）は、ベネズエラ経済を直撃した。日本経済は、そんな単純で薄っぺらな構造ではない。

「二〇四〇年問題」に向き合おうとしない日本政府

しかし、わが国経済の行く手には、今まで経験したことのない険しい山がそびえている。何度も述べて来たが、少子高齢化、人口減少――二〇四〇年にかけてわが国の生産年齢人口は、一五〇〇万人も減少する。これは、到底外国人労働者で埋め合わせられる次元の数字ではない。働き手が大幅に減少するということは、ＧＤＰの供給面から考えれば、大幅なマイナス要因になる。逆に経済の需要面から考えると、人口減少は市場縮小とイコールだから、需要面からもＧＤＰには大きなマイナス圧力が働く。つまり、少子高齢化で働き手が減り人口そのものも減少する国家のＧＤＰは、成長どころかマイナスを食い止めるのも至難になるということなのである。

ＧＤＰが減れば、基本的に税収も落ちる。そんな国家で、膨張する高齢者の社会保障はどうなるのだろうか。支える方の現役世代は減る一方だというのに……。このような不安を感じるのは当然であろう。

だからこそ加藤氏は、日本経済の地力はベネズエラとは比較にならないことを認めたうえで、世界最大の政府債務を抱えた国が人類史上例を見ない最速の高齢化・人口減少に突入してソフトランディングできた実例など「歴史上まだない」と、厳しい目を向ける。そして、危機の本番は二〇二五年以降やってくると指摘する。加藤氏の言う通り、日本は世界の歴史上成功した前例のない大変な難題に立ち向かおうとしている。しかし、まともにこの問題を考えようとする識者や漠然とした不安を覚える多くの国民がいるにも関わらず、政府はこの問題にまったく向き合おうとしていない。今はまだ、日銀マネーによる痛み止め注射が効いているから、痛みは感じない。それをよいことに、近い将来に間違いなく訪れる厳しい現実から目を背け続けているのだ。

二〇一八年五月二一日の経済財政諮問会議において、政府は中長期的な観点で社会保障改革に関する「国民的」議論を行なうための「土台」として、「二〇四〇年を見据えた社会保障の将来見通し」を公表した。しかし、この見通し、トンデモナク楽観的なのだ。いや、これはもう楽観的などという次元ではない。「あり得ない」次元なのだ。試算は「成長実現ケース」と「ベースラインケース」と二通りで行なわれているが、「成長実現ケース」の方は無視しよう。「ベースラインケース」でさえ、超甘々なのだ。

まず、名目成長率だが、二〇二六年までずっと一・八％以上の成長率で、二〇二七年は一・七％。二〇二八年以降も一・三％で試算されている。しかし、直近二〇年におけるわが国の名目成長率の平均は〇・三％なのである。先に述べたように、ＧＤＰに下押し圧力がかかり続ける少子高齢化・人口減少時代に、過去平均を大幅に上回る成長をすることが可能なのだろうか（しかも、「成長実現ケース」ではなく「ベースライン」として）。

さらにすごいのは、賃金上昇率だ。二〇二七年度までは名目成長率と同率。これでも甘々だと思うのだが、驚くのは二〇二八年度以降だ。二〇二八年度以降は、名目成長率を大きく上回る二・五％で試算しているのだ。こんな数字で二〇四〇年まで試算をすれば、「二〇四〇年問題」（注：二〇四〇年頃に人口減少と高齢化で行財政の運営がもっとも厳しい人口構成にさしかかると言われている。これがいわゆる「二〇四〇年問題」である。増田寛也元総務相によると、二〇四〇年には八九六もの地方自治体が消滅するという）など問題でも何でもない。とても美しい社会保障の未来が描ける。

しかし、私は断言する。「そんな未来は絶対にこない」と。そして、こんな超甘々の試算は、あの悲惨な敗戦を招いた大本営発表と同じである、と。

孫子の兵法に有名な「彼を知り己を知れば百戦殆ふからず」という言葉がある。一般には、「敵を知り己を知れば百戦危うからず」の方が通りがよいかもしれない。先の大戦で日本が一〇〇万人近い民間人を含む三一〇万人という戦死者を出す悲惨な敗戦に至ってしまったのは、この点において致命的な過失を犯したからであろう。すなわち、「敵を知らず、己を知らなかった」。

しかし、こと社会保障・財政の問題に関して言えば、敵はいない。己を知ればよいだけの話である。人口推計は経済に関するものの中でもっとも読める推計であると言われる。今現在の人口ピラミッドに、死亡率や出生率の推移を乗っけて行けばよいのだから、確度の高い推計ができるのは当然なのである。そうであれば、それをベースにした社会保障の将来見通しにおいて、現実的な予測を立てることは本来なら決して難しくはないはずだ。

しかし、先に見たように、政府はおよそあり得ない経済成長率や賃金上昇率を持ち出してきて、己を見ようとしない。これでは、敵にやられずして自ら死に向かっているようなものである。まるでレミング（集団自殺するというネズミの一種）のように。だが、実はレミングが集団自殺するという話は伝説であり、実際はそんなことはしない。今の日本の政府・与野党を問わず政治家たちは、集団で自殺に向かって走るという伝説のレミングそのものに愚かである。

ベネズエラも日本も、金持ちから取る社会主義化を目指している

ベネズエラと日本の政策で共通しているのは、財政・金融だけではない。大きな方向性も似通っている。大きな方向性とは「社会主義化」である。

ベネズエラのチャベス政権・マドゥーロ政権が社会主義化を看板にしていることはすでに述べた。日本のアベノミクスも、目指すところは社会主義化である。これに関しては前著『最後のバブルそして金融崩壊』（第二海援隊刊）で述べた。前著を読まれていない読者もいるであろうから、多少重なるところもあ

るが、説明しておこう。

私がトップを務めるこの第二海援隊という会社は、一般的な言い方をすれば「出版社」であるが、私は「情報商社」と呼んでいる。情報が売り物なのだ。だから、社員も様々な現場に直接足を運んで学び、情報を収集している。中には、安倍政権ブレーンであるシンクタンクの勉強会に頻繁に出席している者もいる。

その勉強会で、少子化対策がテーマになった時の話だ。講師はこのように主張したという。「わが国の家族関係支出は、出生率の高いフランスやスウェーデンなど欧州諸国の四割程度の低い水準であるから、少子化対策としてこういった国並みに家族関係支出を上げる必要がある」。高齢者だけを対象とするのではない「全世代型社会保障」――最近、安倍政権がよく口にしているやつだ。

ここで、興味深い資料をお見せしよう。「にっぽん子育て応援団」という市民団体が二〇一七年の衆議院総選挙を前に子ども・子育て支援政策に関するアンケートを行なったのだが、以下は共産党の回答の一部である。「日本の家族向け社会支出はGDP比で一・三一％（二〇一五年度）しかなく、イギリス三・

七%、ドイツ二・二三%、フランス二・九二%（いずれも二〇一三年度）に比べて、極めて低い水準です」（にっぽん子育て応援団ホームページより）。

まったく同じなのである。もっとも右寄りと思われている安倍政権に近いシンクタンクと共産党の主張が。特に平成の世になってからは、どの政党でも社会保障政策に違いがなくなってきているから、家族向け支出を増やそうという、こういう政策が右と左で一致することに違和感を感じない方もいらっしゃることであろう。しかし、これは本来は社会主義的政策、左派の政策なのである。

帝京大学経済学部教授の宿輪純一氏は、二〇一七年一一月二三日付『現代ビジネス』に「ようやくわかった。アベノミクスとは『社会主義化』のことだった」と題する論説を寄稿しているが、その中でこう述べている。「安倍政権は、（中略）小さな政府を目指すものと考えていた。が、まったく逆で（中略）大きな政府を目指しているようである」。

「小さな政府」「大きな政府」――昔、社会科の授業で聞いたことがある方が多いであろう。「自助」「共助」「公助」という言葉がある。主に災害に関して使われることが多いが、社会を支えるシステムにおいても使われる。基本、保守派は「自助」＝自らの力、そして「共助」＝家族やご近所・地域共同体の力、に重きを置く。自分および自分たちでやるのが基本。政府にはなるべく頼らないという考え方だ。だから、税金は低く、政府の支出も小さくなる。これが「小さな政府」の考え方である。

それに対して左派は「公助」＝公の助け、つまり政府の関与、政府の支出を大きくする政策を志向する。これは、政党の色分けがはっきりしていた時代においては左派は貧しい労働者など無産階級のための政党であったため、当然のこととしてそういう政策を主張したのだ。ところが今日では、共産党から自民党右派まで、政府はもっと社会保障にお金を出すべきだと主張している。

話を安倍政権に近いシンクタンクの勉強会に戻そう。家族関係支出をヨーロッパ並みにと訴えた講師に、弊社社員は尋ねた。「財源もフランスやスウェーデン並みに、消費税率は二〇％〜二五％にするというお考えですか？」――答えは「そんなこと、政治的にできるわけがないでしょう」。そして、別の講師はこうも言った――「所得税とかを考える」。

弊社社員は心底驚いて、また危機感を覚えたという。家族関係支出を増やすというのは、前述した通り「大きな政府」を目指す考え方だ。しかし、「大きな政府」を作り維持して行くためには、国民から徴収する税金も増やさなければならない。消費税は「社会保障目的税」だから、本来それに充当すべきものだ。しかし、消費増税は全国民に関わる。だから、消費税率を上げることは全国民を敵に回すことになる。政治的にそれはできない。所得税の累進をきつくしての所得税増税であれば、金持ち叩きだからウケはよい。そういうことだろう。

これは、国家経済を破綻させたベネズエラ政権のやり方と方向性はまったく同じである。チャベス氏は、医療や福祉などに不満をもつ貧困層の圧倒的支持を受け、大統領に選出された。持てる者から取って、多くの国民の医療や福祉に回す。大衆の支持を受けた者が政権を握るのが現代の政治だから、今日ではどうしても政治はその方向に流れる。

全土に吹き荒れた大規模デモの前に、燃料税引き上げ凍結から最低賃金引き上げ・年金受給者への減税などを約束させられたマクロン大統領のフランスも同様である。マクロン大統領は、年金制度見直しや公務員削減などの改革を目指していたが、「金持ち優遇」との批判を浴び、改革後退に追い込まれた。

世界中に「大衆迎合主義」が瀰漫《びまん》する今日、多くの国民に負担を求める政策は、ほぼタブーとなっている（注：ただしこれは、民主主義国家ならではの話である。中国などの独裁国家はそうではない。だから中国では、都市で働く農村出身者は「農村戸籍」であるがために、社会保障などで公的に差別されたままである）。それでもフランスの消費税率は基本二〇％であるが、日本ではそんな税率は「政治的にあり得ない」と一蹴されてしまう。「大衆迎合主義」は、フランス以上にわが国の政治を腐食している。

戦後の「財産税」も大衆の支持を得るための再分配政策だった

全世代にわたる手厚い社会保障を、大衆には負担を求めずにやろうとする今の日本の政治。このまま行くとどうなるのであろうか？——私は敗戦直後に施行された最高税率九〇％の「財産税」を思い起こす。多くの読者は「そんな馬鹿な」と思われるかもしれない。しかし、消費税率は政治的に上げられない以上、どこかに財源を求めねばならない。その場合、少数の〝持てる者〟から取るのが政治的にはもっともやりやすい。

改めてネットで「財産税」を検索してみると、上位にウィキペディアの「財産税法」が出てくる。その「概要」部分を読んでみると、新たなことに気付く。

概要

連合国軍占領下の日本において執行された、戦時利得の没収を目的とする税法（一般財産税、臨時税）である。ＧＨＱの発した「戦時利得の除去及び国家財政の再編成に関する覚書」に基づいて、戦時補償を打ち切るための戦時補償特別措置法（昭和二一年法律第三八号）と併せて制定された。

（ウィキペディアより）

最高税率九〇%の財産税は、占領軍の政策だったのである。

想像を巡らせて欲しい。ほんの少し前まで戦争していた相手国を占領して統治するのである。米軍は日本全土を空襲し、広島・長崎に原爆を落とし、わが国の民間人を約一〇〇万人も殺戮した(ちなみに、アメリカの民間人の死者はゼロに等しい)。占領軍はすべての日本人から恨まれて当然だ。そんな状況では、占領統治は困難を極める。なんとしても、国民を味方に付けなければいけない。そこで打ち出された政策の一つが、財産税だったのである。だから当然、この法律の対象になったのは、ごく一部の限られた〝持てる者〟であった。

財産税法の作成に当たったGHQ(連合国軍最高司令官総司令部)財政顧問のレオ・チャーン氏は「財産税は国民財産の再分配を目的とする」と述べている。「国民財産の再分配」——持てる者から取って、持たぬ者に配る。ベネズエラのチャベス氏を思い起こす社会主義的政策である。これが、大衆の支持を得るためには必要なのである。

数字で確認してみよう。「財産税等収入金特別会計」が設置されていた一九五一年度（昭和二六年度）までの納税者数は四八万世帯、納税義務のある同居家族を加えれば二一七万人。当時の日本の人口は約八〇〇〇万人だから、財産税の納税対象者は人口の約二・七％に過ぎない。しかも、財産税納税対象者のうち、わずか二％を占めるに過ぎない課税財産価格一〇〇万円超の階層が財産税額全体の四〇％をも負担していたのだ。つまり、国民の二・七％の中のさらにその二％（〇・〇五四％）の超富裕層が財産税の四〇％を負担していたということである。これなら、富裕層の恨みは買っても、大多数の貧しい国民からすれば「貧しい私たちの味方」となる。占領統治に、財産税は不可欠だったのだ。

今の日本は、敗戦直後の占領下とはまったく違う世界に変貌している。しかし、あの時と変わらぬものもある。それは、当時であれば統治に当たる者、今日であれば政治に当たる者が、大衆の支持を求めているということだ。

すでに述べたように、到底あり得ない政府の社会保障の将来見通しは遠からず破綻するであろう。社会保障制度の持続には黄信号から赤信号の点滅に変わる。その時、何を財源とするか。――本章で見てきたように、今の政治の流れからすれば、持てる者から取ることになるのは必至であろう。

断言してもよい。何らかの形の財産税は、必ず強化される。

行き着くところは、やはりハイパーインフレか？

ただし、である。最高税率九〇％の財産税が施行された敗戦直後と今とでは、豊かになったこと以外に大きく違う点が二つある。

一つは、当時の日本は絶対権力GHQの占領下にあり、言わばGHQ独裁体制であったが、今の日本は議会制民主主義の国であるという点である。だから、当時はGHQが決めればどんなトンデモナイ政策でも可能であったが、今の日本では最高税率九〇％などという極端な財産税法が成立するというのは、ちょっと考えられない。

二つ目の大きな違いは、財産の形である。戦後の財産税の対象となった課税価格を種類別に見てみると、預貯金二八％、土地二〇％、家屋等一八％、有価証券一四％などとなっている。これだけ見ると、今とさほど変わらないように思うかもしれないが、決定的な違いがある。当時は、ほぼすべてが国内にある資産だったということである。だから捕捉できた。捕捉できたから、財産税を掛けることもできた。

しかし今日、マネーは世界中を飛ぶことができる。日本人の所得の発生も、海外や電子空間上であることもまれではなくなった。むしろ、新しい超資産家はそういうところでこそ生まれる。そんな時代に資産の捕捉など到底不可能であるし、財産税を掛けるといってもどこまで有効かは、はなはだ疑問だ。

だから、何らかの形で財産税が強化されることは間違いないが、かと言って最高税率九〇％の財産税というのは非現実的だと考える。では、どうするか？——政治的に考えれば、「やはり、これかな」という道が見えてくる。それこそ、インフレである。

先にＧＤＰに下押し圧力がかかり続ける少子高齢化・人口減少時代に、政府が公表した「二〇四〇年を見据えた社会保障の将来見通し」は到底あり得ないと述べた。しかし、可能にする方法が考えられなくはない。たとえば、顧客が減って売り上げが減少している会社を考えてみよう。顧客の減少は趨勢として続いている。そんな中で、売り上げを上げるにはどうすればよいか？　客単価を上げることである。そうすれば、会社全体の売上はキープ、さらにはアップさせることも可能かもしれない。今後の日本もそれなら可能かもしれない。

どうやればよいのか？　日銀がマネーを供給し続け、物価を上げることである。そんなことをし続けたら、ベネズエラのようなハイパーインフレになってしまうんじゃないかと不安に思われる読者もいることであろう。

それに関して、最近安倍政権に近いシンクタンクの勉強会で弊社社員が聴いた面白い話がある。その話で、本章を終わろうと思う。

その時の勉強会のテーマは「米中貿易戦争」で、講師は元日本経済新聞編集委員のT氏。T氏の話はこのようなものだった。中国はマネタリーベースを拡大し続けているが、その基になる中央銀行の資産の七割はドルであり外貨準備である。米貿易赤字によりドルが中国に流れ込み中国の膨張を支えてきた。トランプ大統領の対中強硬策は、中国経済を根底から揺さぶる。

その講演が終わったあと、弊社社員はこう質問した。「最近、中国の外貨準備は伸び悩んでいる中でも、マネタリーベースは拡大している。中国人民銀行（中国の中央銀行）は何を買ってマネーを供給しているのか？」それに対するT氏の答えはこのようなものであった。「具体的に何を買っているのかはわからない。ただ、今、日銀はETFなんかも買っている。そういう風に買おうと思えば何でも買える（それで中央銀行は市中銀行にマネーを供給し続けることはできる）。しかし、そんなことをやっていたら通貨の信用は棄損し、ハイパーインフレになる」。T氏は中国の金融政策は追い込まれていると言いたかったのであろう。しかし、今、何でもありの金融緩和を行なっているのは世界の中でもダントツで日銀ではないか。

この金融緩和政策というのは、政治家にとってはとても都合がよい。痛みを伴わないからだ。誰の懐も痛まない。社会保障費を削減するとか消費税率を上げるとか、国民に厳しいことを言わなくてすむ。

しかし、金融緩和政策という痛み止め注射を打ち続けても、病状は決して良くはならない。根本的問題は絶対に解決されない。社会保障制度の恩恵を受ける者がいる（しかも、放っておけばどんどん増える）以上、誰かが負担しなければならない（負担も当然どんどん増える）という事実は、絶対に変わらない。

しかし、大衆迎合の衆愚政治の下では、国会の椅子に座りたい人たちは、その現実からは目を背け続けるであろう。そういう人たちにとって、異次元の金融緩和はまさに打って付けのやり方と言えるだろう。それがもし、ハイパーインフレを招いたとしても、そうなれば名目ＧＤＰは大きく増大するのだから、それこそ政府見通しを実現することになる。

どうやら、行き着く先はハイパーインフレ……その可能性が高いようである。

第四章　それは中国発か、オセアニア発か

どうにも乗り越えられない障害にぶつかった時は、
頑固さほど役に立たないものはない。

（ボーヴォワール）

ある中国人男性の悲哀

「株をやろうと思っているんだ」――私はこの言葉をある男性が発していたと聞かされた時、思わず絶句した。この言葉に中国経済の末期症状を嗅ぎ取ったのである。

それは二〇一八年一一月、私の会社のスタッフが取材のために四川省成都市を訪ねたときのことだ。中国人の陳さん（仮名）という男性は現在四〇歳で、日本人を専門とした観光ガイドで生計を立てている。陳さんに留学など訪日の経験はないが、大学時代に学んだカタコトの日本語を駆使して奮闘してきたようだ。誠実で、なかなか骨のある男だと私は聞いている。

私のスタッフ（以下スタッフＫ）が彼と出会ったのは二〇一七年八月。楽山大仏のツアーに参加して以来、仲良くしているという。とりわけ、陳さんが日本でブログを開設する費用を立て替えてからというもの、彼は頻繁にスタッフ

Kへ連絡を寄こすようになった。そう、中国人はこうした恩義に厚い。

陳さんは大きな悩みを抱えていた。一つは、中国共産党から自宅の立ち退きを強いられているということ。もう一つは、結婚したい相手がいるのに相手の両親が一向に許可を与えてくれないということだ。

まずは前者だが、陳さんは成都市の中心部から車で四〇~五〇分くらいの郊外に両親と三人で暮らしている。しかし、二〇一八年に入ると周辺地域の再開発を理由に地元政府から立ち退きを強いられるようになった。陳さんにとってまさに青天の霹靂だったという。政府が提示した立ち退き料が意に沿わなかったため、陳さんは仕事が終わるごとに政府へ陳情に行ったそうだ。しかし、地元政府は立ち退き料を上げてくれるどころか、次第に「立ち退かなければ仕事ができなくなる」と脅されるようになったという。しかもその対象が本人だけでなく、教師の職に就いている姉にまでおよぶと言われたそうだ。

結局、陳さんは一三〇万元（約二〇〇〇万円）という立ち退き料を渋々ながら受け入れる、と決断。中国の物価が日本のそれよりも低いことを勘案すると、一三〇万元という額はそこまで少ないとは思えなくもない。しかし、一家で分けるため、陳さんに言わせると「少ない！」。一三〇万元のうち、姉に二五万元、妹に三〇万元を分け、残りの七五万元を両親と陳さんの引っ越し代に充てようとした。しかし、昨今の住宅高騰の波により、なかなか良い物件を探すことができなかったという。

私も成都の不動産屋を何軒か覗いたが、確かにそれほど安くはない。陳さんが希望している成都の郊外に位置する成都動物園の近くだと、マンションの価格は一平米当たり三万元。六〇平米以上になるとほとんどが優に一〇〇万元を上回る（ちなみに中国人は広々としたマンションを好み、六〇平米では狭く、できれば九〇平米以上に住みたいという人がほとんどだ）。また中国ではマンションを購入した場合、内装も自分で施工しないといけないため、購入する際の費用はさらに膨らむ。住宅価格の額面に一〇～二〇％増しが当たり前だ。

陳さんは賃貸に住むことにしたが、そこで次なる問題が浮上する。そう、結婚ができないというのだ。昨今の中国では、基本的に自宅と車を所有していない男性は結婚できない。女性の両親が、そうした男性との結婚を許さないのだ。

実は、陳さんの置かれた状況は現在の中国ではごくありふれたものだ。昨今、陳さんのように結婚したくても経済的に結婚できない男性が中国全土で激増し、社会問題化している。単純に女性より男性の数が多いという面もあるが、他のアジア諸国でも見受けられるように、住宅が高過ぎて買えないのだ。

データも中国の不動産バブルが世界で最悪の水準に位置していることを示している。住宅バブルを計る尺度の一つに住宅価格の年収倍率があるが、一般的に適正値とされているのが三~六倍。中国の大手調査会社・上海万得信息技術によると、中国の主要一六都市の場合は二〇一七年の時点ですべて一〇倍以上となっている。すなわち、サラリーマンが飲まず食わずの生活を送っても住宅を取得するのに一〇年以上かかるというわけだ。ちなみに、住宅価格の高騰が著しい一線都市である深圳は三二・四四倍、上海は二六・〇八倍、北京は二五・四八倍だ。成都などの二線都市も総じて一〇倍を上回っている。

世界の他の都市はどうか。投資家がベンチマークとして活用している米調査会社デモグラフィアの年次報告「インターナショナル・ハウジング・アフォーダビリティ・サーベイ」（二〇一八年版）では世界九ヵ国、二九三の都市を対象に税引き前世帯収入の中央値と住宅価格の中央値を比較、その年収倍率で「世界で最も住宅購入が難しい都市」を算出している。前述の中国の統計と比較した場合、平均値と中央値という差はあるが、中国ではほぼすべての都市部の住宅価格が高止まりしていることがおわかりいただけるだろう。デモグラフィアの報告書も、米国、カナダ、オーストラリア、ニュージーランドに加え、中国の主要二六都市では「住宅を購入するのが非常に難しい」と評している。

ある時、陳さんはスタッフKにある本を見せてきた。それは株価のテクニカル分析に関する本であり、「浅井さんたちは金融関係の仕事をしているから詳しいでしょ？」と唐突に聞いてきたという。彼は今の今まで投資の話など一切しなかっただけに、スタッフKは面食らったという。事情を聞くと、ガイドだけではいつまで経っても家が買えないため、株で補償金を何倍にもして家を買うのだという。

私はスタッフKから陳さんのこの発言を聞いて、中国経済に対して大いなる不安を覚えた。著名投資家のジョージ・ソロス氏は、かつて「ありとあらゆる矛盾は、一度極限まで行く」と語ったが、本来は社会主義国（平等）であるはずの中国において資本主義の歪みが最大化していることは、今世紀最大の皮肉だと言えよう。格差の拡大が止まらないのは何も中国に限ったことではないが、やはり中国のそれは他国を凌いでいるように感じる。住宅バブルにより、一般的な職業に従事している者が家を買いたくても買えず、やけっぱちで株に手を出させるような中国経済は、率直に言って持続不可能だ。

社会における所得分配の不平等さを測る指標に、「ジニ係数」というものがある。ゼロから一の間で示され、一に近づくほど格差が大きい。ちなみに、〇・四を超えると社会的な騒乱が多発するとされている。

中国におけるジニ係数は、公式発表のものでも二〇〇三年から一貫して〇・四を上回ってきた。直近（二〇一七年）の値は〇・四六七。しかし、公式発表のものは過小評価された数字であり、実際には二〇一六年の時点で〇・七三だ

世界で最も住宅購入が難しい都市ランキング

1	香港	19.4倍
2	シドニー(豪)	12.9倍
3	バンクーバー(加)	12.6倍
4	サンタクルーズ(米)	10.4倍
5	サンノゼ(米)	10.3倍
6	メルボルン(豪)	9.9倍
7	サンタバーバラ(米)	9.4倍
8	ロサンゼルス(米)	9.4倍
9	ホノルル(米)	9.2倍
10	サンフランシスコ(米)	9.1倍
11	サリナス(米)	9.1倍
12	タウランガ(NZ)	9.1倍
13	オークランド(NZ)	8.8倍
14	ロンドン(英)	8.5倍
15	サンディエゴ(米)	8.4倍
16	ゴールドコースト(豪)	8.4倍
17	サンタローザ(米)	8.3倍
18	サンルイスオビスポ(米)	8.3倍
19	ビクトリア(加)	8.1倍
20	トロント(加)	7.9倍
参考	東京・横浜	4.8倍
参考	大阪・神戸・京都	3.5倍

という試算も民間からはなされている。この〇・七という数字は、もはやいつ内乱が発生してもおかしくはないというレベルだ。中国経済の歪みは、沸点に達しようとしている。

完全に将来を絶望視していないまでも、半ば諦めに近い感情を抱いていた陳さんに私はこうアドバイスをするよう、スタッフKに伝えた――「不動産価格はそう遠くない将来に大きく下げますよ。それまで株なんて止めて、コツコツとお金を貯めていなさい」。これに対して、陳さんは「住宅価格が下がることはない（むしろ上がり続ける）」と嘯《うそぶ》いた。実際、中国の不動産価格が弱気相場（直近の高値から二〇％以上の下落）を経験したためしはなく、かつての日本や米国のように不動産神話が蔓延している。

「北京などの都市部には不動産市場に関する伝説がある。過去に八〇万元（約一二八八万円）で買ったマンションがその後八〇〇万元（約一億二八八〇万円）になったという話や、商売に失敗して二〇〇万元（約三二二一万円）もの資金を失ったものの、かつて一〇〇万元（約一六一〇万円）で購入していた不動産に一〇〇〇万元（約一億六一〇〇万円）以上の値が付いたためにビジネス上の損失を埋め合わせることができたという話だ」（サーチナ二〇一七年四月五日付）。この手の類の話は、私も上海の知人から耳にタコができるほど聞かされた。しかし、資産価格が永遠に上がり続けることなどあり得ない。おそらく、中国の不動産バブルは、間もなく弾ける。

中国の経済成長率は一・六七％⁉

「重要研究機関の内部研究調査では、今年の中国ＧＤＰ（国内総生産）成長率はわずか一・六七％と示された」――とんでもない発言が飛び出した。しかも日本の嫌中論者からではない。中国人民大学の教授が、公の場で政府発表のデータに異議を唱えたのだ。中国人民大学は、言わずと知れた共産党のお膝元である。

二〇一八年一二月一六日、人民大学で開かれた改革開放四〇年を記念した経済フォーラムで登壇した向松祚教授は、「経済のデータを見ていてハラハラする」と、中国の大学教授としては衝撃的な発言をし、「中国経済の真実は成長率一・六七％」と述べた。同氏は教授だけでなく、同大学の国際通貨研究所で理事と副所長を務めている。

この発言はソーシャルメディアを通じて多くの人に共有されたが、教授よりも中国共産党がハラハラしたのだろう。時を置かずして、動画は削除された。現在はユーチューブ（You Tube）のみで視聴可能である。同氏の発言は中国以外にも波紋を広げ、複数の海外メディアが取り上げた――「一部の中国ウォッチャーは一二月、有力エコノミストの向松祚氏の発言に衝撃を受けた。中国の実際の成長率がわずか一・六七％である可能性が示されたためだ」（二〇一九年一月四日付米ウォールストリート・ジャーナル社説）。

向氏は以前にも悲観論を披露したことがあるため、一・六七％という数字に対しては中国ウォッチャーの間でも見方は分かれている。しかし、よく知られているように、中国政府が公表しているデータの信憑性は限りなく低い。中国経済が、真に崖っぷちに立たされているという認識は適切である。

私は一九九〇年代の中国も見てきたが、確かにＷＴＯ（世界貿易機関）に加盟した二〇〇一年頃からの同国の経済成長は、奇跡と呼ぶに相応しい。ＩＭＦ（国際通貨基金）の推計によると、二〇〇一～二〇一八年の中国のＧＤＰ（国内総生産）成長率の平均は驚異の九・一五％。改革開放以来、中国はリセッション（景気後退）を一度たりとも経験していない。リーマン・ショックの影響が色濃かった二〇〇九年も成長率は九・二％にまでしか落ち込まず、翌二〇一〇年にはＶ字回復を果たしている。

しかし、私は近い将来の中国経済のリセッションを予告したい。というのも、とりわけリーマン・ショック以降の中国の経済成長は過度に債務に依存した体質となっており、率直に言って持続不可能だ。

中国は二〇〇八年一一月に四兆元の財政出動を実施、さらには地方融資平台（独自に債券を発行できない地方政府が融資を募るプラットフォーム）を通じて二〇兆元という莫大な資本を投入。そのほとんどが不動産市場に流入した。また同時期に実施された金融緩和によって、二〇〇八年末からの五年間における中国の政策金利（インフレ率を調整した実質ベース）は、わずか〇・七％と新興国では異例中の異例である、超が付くほどの低金利状態が続いたのである。これにより、不動産市場を中心に前代未聞の信用バブルが発生した。

米国地質研究所の試算によると、中国は二〇一一～二〇一三年だけで米国の二〇世紀を通じた消費量を上回るセメントを使ったという。英不動産サービス大手ザビルズによると、中国の不動産時価総額（対ＧＤＰ比）は二〇一六年に三七五％に達し、日本の不動産バブルのピーク時（一九九〇年）に並んだ。

そして、残るべくして残ったのが債務である。中国の総債務残高（金融セクターを除く）の対ＧＤＰ比は二〇〇八年の一四一・三％から二〇一八年（三月末）には二六一・二％にまで増加した。とりわけ企業債務は同期間で九六・八％から一六四・一％と驚異の増加ぶりである。リーマン・ショック以降は世界中でありとあらゆるセクターの債務が増加しているが、恐ろしいことに企業セクターの増加分の三分の二が中国企業によるものだ。日本の不動産バブルの時は民間セクター（家計＋金融部門を除く企業）の債務が対ＧＤＰ比で一七〇％以上にまで上昇したが、現在の中国では企業セクターの債務だけでこの水準に接近している。

中国経済の成長が「信用バブル」に依存していることに疑いの余地はなく、それも人類史上で最悪の部類に入る信用バブルが発生している可能性が高い。

中国の信用拡大のペースが他の地域と国よりも速いことを示している証拠に、世界の銀行の時価総額ランキング（二〇一八年版）でトップを独占したのは中国勢であった。ちなみに、一九八八年に銀行の時価総額ランキングの一～九位を独占したのは日本勢で、その直後にバブルが崩壊している。現在、ランキングにいる日本勢は一行のみ。また、二〇〇七年のランキングでは米英がトップ10を独占し、リーマン・ショックと欧州債務危機を経験した。

次が中国の番であることは、幼稚園児でもわかるだろう。中国は計画経済だからハードランディングの可能性は低いという意見もあるが、私はそうは思わない。中国だけは例外だという主張は、バブル末期に語られる「今回は違う」

という言説を想起させる。

中国経済に関しては、その規模、そして秘匿性によって実態を掴みにくい。しかし、債務の水準、格差、それに雲を突き抜けそうな資産バブルを顧みると、かなりの高い確率で〝末期〟にある。中国経済に占める不動産セクターの割合は二〇%とその他のどの国の水準よりも高く、不動産価格が下落に転じればそれこそ経済危機だけではすまず、社会動乱に発展するかもしれない。

確かに、中国経済は今の今まで奇跡の成長を遂げてきた。リセッションを経験したことはなく（あの天安門事件の時でさえもだ）、本格的な不動産価格の下落も味わっていない。まさに〝無敵艦隊〟と呼ぶにふさわしいが、先に述べたように二〇〇八年以降は債務の拡大に依存した経済成長に依存している。こんなトレンドが永遠に続くことなどあり得ず、先の日本や米国、そして欧州のように激しい痛みに間もなく見舞われるだろう。

政府発表のデータに公然と異議を唱えた中国人民大学の向松祚教授は、昨今の中国経済の減速の根本的な原因が「脱実向虚」、すなわち実体経済から脱し金融セクターにばかり資金が流れ込んできたことにあるとし、企業経営者の多くが本業ではなく投資に夢中だったと批判した。これは、日米欧といった先進国が味わったバブルの生成と崩壊という過程に酷似している。

中国経済の失速は、間違いなく現在の世界における最大の火種だ。

オセアニアの住宅バブルも危険水域

極めて残念な知らせであるが、バブルは中国だけにあらず、オセアニア圏（オーストラリアとニュージーランド）も深刻な住宅バブルの渦中にあると考えられる。デンマークの大手投資銀行サクソバンクは二〇一八年末、翌年の大胆予測の一つとして「オーストラリアの住宅バブルが崩壊して、オーストラリア準備銀行（ＲＢＡ）が量的緩和を実施する」ことを挙げた。サクソバンクはあくまでも〝大胆〟と銘打っているが、私に言わせると時期はともかくとしてこのシナリオの実現性は高い。

二〇一九年一月、オーストラリア連邦当局は二〇一八年一一月の住宅着工許可件数が前月比九・一％減、前年同月比で三三％も減少したと伝えた。当局も住宅市場の軟化を懸念しており、RBA理事会の議事要旨（二〇一八年一二月分）にははっきりとこう書かれている――「家計所得の伸びは依然低水準で、家計債務は高水準となっており、住宅価格が下落したことから、家計消費見通しが引き続き不透明要因となっている」（ロイター二〇一八年一二月一八日付）。

オーストラリア経済は、中国と同じく一九九一年から二〇一八年にかけて一度もリセッション（景気後退）を経験していない。これは、先進国としては過去最長の記録だ。オーストラリアは、一九九〇年代のアジア通貨危機、二〇〇一年のドットコム・バブル崩壊、二〇〇七～二〇〇八年の米サブプライム・バブル（リーマン・ショック）、そして二〇一〇年からのユーロ圏債務危機も乗り切っており、経済成長という点で〝無敵艦隊〟と言える。

経済成長と歩調を合わせるかのごとく、不動産市場も堅調な伸びを示してきた。チャートをご覧いただきたい。オーストラリアの平均的な住宅価格は一九

オーストラリアの住宅価格と賃貸価格の指数

(index 100=1987年6月)

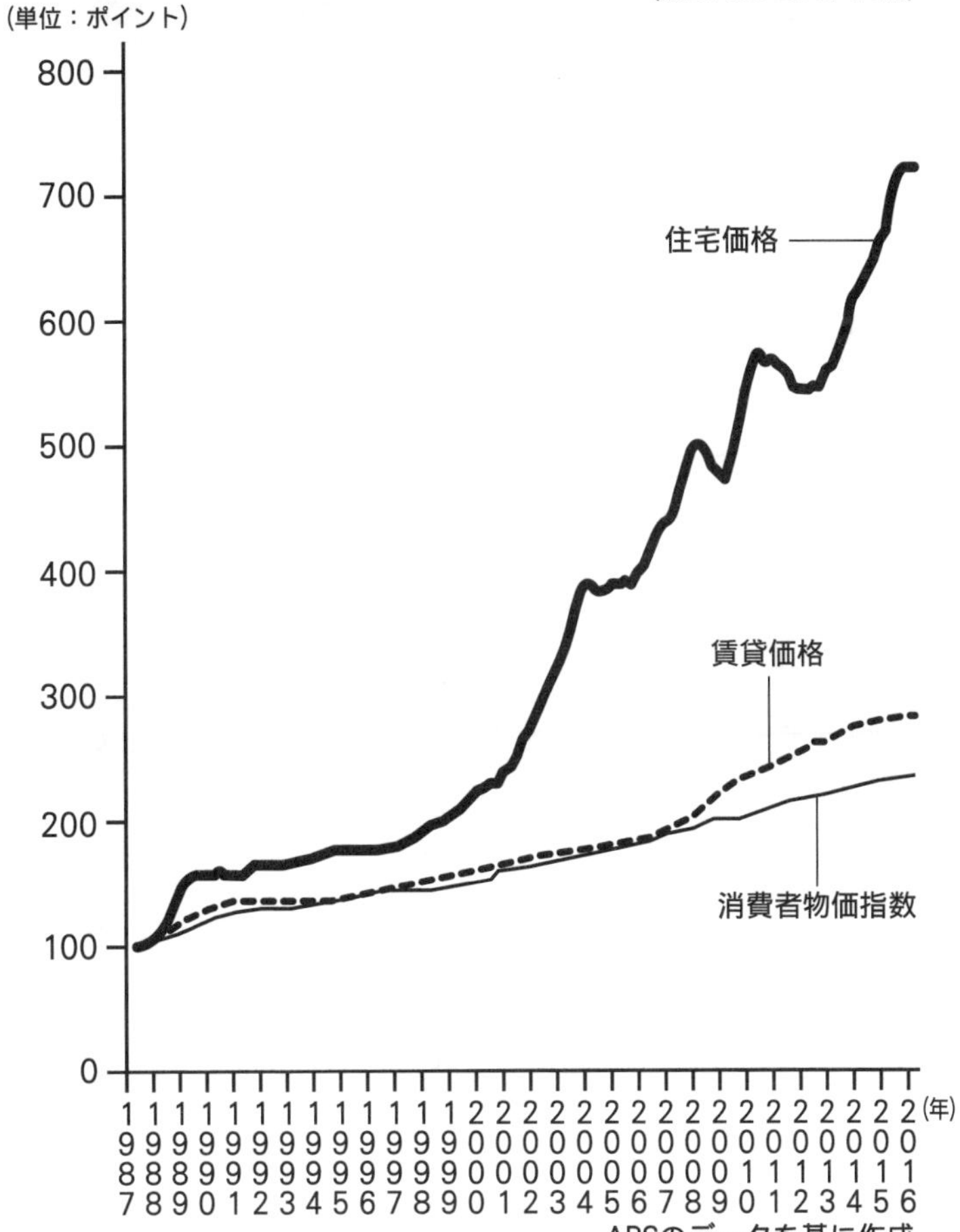

ABSのデータを基に作成

八七年を起点として、およそ七倍にまで上昇している。不動産ブームの直接的なきっかけは、一九九九年にキャピタルゲイン課税が半分にまで引き下げられたことだ。この優遇策により、同国の不動産価格はほぼ一直線の上昇を演じることになる。その結果、二〇一七年にシドニーの住宅価格は、ロンドンとニューヨークを抜いて世界二位に上り詰めた（一位＝香港、三位＝バンクーバー、四位＝オークランド、五位＝サンノゼ、六位＝メルボルン）。

当然、その見返りとして莫大な債務も積み上がった。国際決済銀行（ＢＩＳ）によると、二〇一八年三月末時点におけるオーストラリアの家計債務は対ＧＤＰ比で一二二・二％。これはスイス（同一二八・三％）に次いで世界二位だ。ちなみにオーストラリアの次点に位置するデンマーク（同一一七・三％）、以下順にオランダ（同一〇四・三％）、ノルウェー（同一〇一・六％）、カナダ（同九九・四％）、韓国（同九五・二％）、ニュージーランド（同九二・二％）などの国々では、例外なく不動産ブームが起きている。

ＩＭＦ（国際通貨基金）が「危機の兆候」だとする家計債務の水準は、対Ｇ

ＤＰ比六五％以上だ。前述した国々は、この警戒ラインを軽く突破しているばかりか、スイス、オーストラリア、デンマーク、オランダ、ノルウェー、カナダは、サブプライム・バブル時の米国の水準をも上回っている。

オーストラリアがとりわけ厄介だと考えられる最大の理由は、あの悪名高い「ＩＯローン」（インタレスト・オンリー）の借り手が多いためだ。ＩＯローンは、最初の数年間は利息だけを返済し、あらかじめ決まっていた段階になるとＰ＆Ｉ方式（元本と利息）の返済に切り替わる住宅ローンであり、米サブプライム・バブル時にも猛威を振るったことで知られる。

ＩＯローンの落とし穴

ところで、なぜＩＯローンのような特殊なローンが登場するのであろうか。実は、ＩＯローンのニーズは短期転売を狙う人にある。元々ローンの完済は念頭になく、できるだけ安くローンを借り、その資金で不動産価格の上昇による短期転売をもくろむわけだ。一見すると合理的のようであるが、ここに大きな落とし穴がある。それは、この理屈が不動産価格の上昇局面でしか成り立たないということだ。不動産価格が下がると短期転売をすれば損が出るわけで、売るに売れない。そうこうしているうちに数年経つと、今まで少なかったＩＯローンの返済額が大きく増え、ローンの借り主を圧迫してしまうのである。だから短期転売狙いでＩＯローンを組んだ場合、不動産価格が下がると目も当てられない悲惨な状況になる。

このようなＩＯローンが近年オーストラリアでは人気を博し、ピークの二〇一五年春には、新規住宅ローンの実に四五％もがＩＯローンを組んだという。ちょうどその頃、オーストラリアの不動産は上昇の一途で「不動産は上がるもの」というまるで一九八〇年代の日本のような不動産神話が台頭した。不動産が上がるから買い、買ったらまた上がるという構造で、オーストラリアでは家計債務を積み上げていったのである。

オーストラリアでは二〇一八～二〇二一年の間、ＩＯローンのうち毎年およそ一二〇〇億豪ドル分が利息だけ払えばよいという期間を終えるため、住宅バブルは本格的な曲がり角に差し掛かる可能性が高い。ソフトランディングですめば万々歳だが、オーストラリアン・ファイナンシャル・レビューによると、人によっては返済の負担が最大で四〇％増となる。

しかも、すでにシドニーやメルボルンといった都市では住宅価格が落ち込み始めているのだ。米国とオーストラリアを主な拠点とする不動産情報会社コアロジックによると、シドニーの住宅価格は二〇一八年一一月までの一年間で七％の下落を記録。先ほども述べたようにＩＯローンは住宅価格が上昇することを前提としており、こうした状況が続けば同国の家計セクターは正真正銘の正念場を迎えるはずだ。

ホームレスの増加が示す危機的状況

オーストラリアの著名エコノミストであるＡＭＰキャピタルのシェーン・オ

リバー氏は二〇一八年一〇月一八日、自身のＳＮＳ（ソーシャル・メディア）で住宅市場に対する見通しを下方修正したことを明かし、シドニーとメルボルンの住宅価格の下落率は二〇％以上に達する可能性もあると警告。住宅市場の急減速の可能性も否定できないと断じた。

住宅市場の軟化は、当然貸し出し元である豪銀にもおよんでいる。オーストラリアのメガ・バンクと言えば、コモンウェルス銀行、ウエストパック銀行、オーストラリア・ニュージーランド銀行、ナショナル・オーストラリア銀行の四行だが、豪金融監督庁によると、この四大銀がオーストラリア経済の融資に占める割合は約八割。そして融資のうち六五・五％が住宅ローン、二五・三％が企業向け融資となっている。米サブプライム・バブル末期のように今後数年で大量の住宅ローンが焦げ付けば、銀行はかなり危うい状況に陥る。

そもそも豪銀を巡ってはかねてから不正行為が明らかになっており、ここ最近は株式が激しく売られている。オーストラリアの代表的な銀行株指数（S&P/ASX 200 Banks）の先行きは予断を許さない状況だ。豪バブル崩壊、そして量的緩和というシナリオは、決して絵空事ではない。

お隣のニュージーランドも深刻な不動産バブルにある。オセアニア圏を代表するオーストラリアとニュージーランドの不動産事情はよく似ており、両国ともこの二〇年以上、不動産価格は明確な調整局面がないまま右肩上がりで上昇を続けてきた。

ニュージーランドの不動産研究所「ＲＥＩＮＺ」が出している「NEW ZEALAND HOUSE PRICE INDICES」を確認すると、一九九二年から二〇一七年までの二五年間で、ニュージーランドの不動産価格は約六倍にもなっている。私は年に複数回ニュージーランドに行くが、現在の住宅事情は三〇年前のあの日本の不動産バブル時よりもひどいかもしれない。

そんなニュージーランドでは、ホームレスが急増して社会問題となっている。不動産価格があまりに高過ぎて持ち家を購入することなどとてもできず、そればかりか家賃の高騰により、住居を失う人が急増したのだ。

その数、なんと数万人規模である。日本のホームレスの数は六〇〇〇人規模

（厚生労働省調べ）で、隠れホームレスを合わせるとその二、三倍ほどになるともいうが、仮に多い方の三倍として数は二万人規模だ。「なんだニュージーランドも日本も同じぐらいの数だ」と思うことなかれ。人口がまったく異なるのだ。日本の人口が一億二六八〇万人であるのに対して、ニュージーランドの人口は四八〇万人と約三〇分の一だ。

実は、ニュージーランドの人口の一％がホームレスで、この水準はＯＥＣＤ（経済協力開発機構）の加盟国三五ヵ国の中でもっとも悪い、最下位なのである。日本の人口で考えてみた時、人口の一％というと一二六万人がホームレスとなるわけで、これがいかに異常な状態かがわかるだろう。

かの著名コメディアンのチャーリー・チャップリンは、狂騒の二〇年代の末期にニューヨークの街角で大量のホームレスを見たことをきっかけに、保有する株式をすべて売り払った（そして大恐慌の損失から逃れられた）。現在のニュージーランドも、この時のニューヨークと似たような状態にあるのかもしれない。

ニュージーランドでは、高騰しすぎた家賃のためにホームレスが急増している（2018 年ニュージーランド・オークランドにて　浅井隆撮影）

火種は全世界で燻っている

さて、本章では中国とオセアニア圏の信用バブルについて述べてきた。当然、バブルが崩壊した際の影響は〝中国発〟の方が大きい。というより中国経済が失速すれば、大恐慌の再来はほぼ確定する。

米ブルームバーグが購買力平価調整後のIMF（国際通貨基金）のデータを用いて算出した、二〇一八～二〇一九年における中国経済が世界の成長に占める寄与率は二七・二％。これに一二・九％のインド、そして一二・三％の米国が続く。名目GDPは依然として米国の方が圧倒的に上だが、中国の世界経済への寄与率は無視できないほどに大きい。

米ヘイマン・キャピタル・マネジメントのカイル・バス氏は、かねてから「中国経済の減速は災難どころか、世界全体に最悪の事態をもたらすかもしれない」（サーチナ二〇一四年六月三日付）と警鐘を鳴らしている。

もちろん、オセアニア圏の信用バブル崩壊も軽視してはならない。著名経済学者のチャールズ・キンドルバーガー氏は、九〇年前の大恐慌の遠因がオーストラリアとニュージーランドにあったと分析しているが、現在はより世界経済が密接になっている以上、オセアニア経済の急減速にも注意を払うべきだ。

当然、この二ヵ国以外にも現在の世界には多くの火種が燻《くすぶ》っている。米財務長官とホワイトハウスで国家経済委員長を務めたローレンス・サマーズ氏（現ハーバード大教授）はこのほど、こんな悲観的な見通しを示した――「二年以内に前例のない停滞が来る可能性がある」（中央日報日本語版二〇一九年一月一一日付）。

そろそろ備えるべきだ。世界の債務の水準を考慮すると、次の危機は私たちの世代がかつて経験したことがないほど巨大なものになるかもしれない。

第五章　生き残るために——保全の基本

金持ちになるためには二つのルールを守りなさい。
【ルール1】絶対にお金を損しないこと。
【ルール2】絶対にルール1を忘れないこと。

（ウォーレン・バフェット）

正反対の地獄がやってくる!!

世界大恐慌、そして日本国破産――想像するだに恐ろしい経済的大厄災が、向こう数年以内にも私たちに襲い掛かってくる可能性が極めて高いことをここまで見てきた。ここからは、いよいよ本書の核心である「恐慌と国家破産を大チャンスに変えるノウハウ」について解説して行く。特に本章では、「資産を保全するための基本的ノウハウ」にフォーカスして見て行きたい。

本題に移る前に、もっとも重要な点を強調しておこう。それは、恐慌と国家破産という二つの事象は本質的にまったく異なる性質を持っているということだ。いずれも経済的な大混乱を招き、多くの人々を苦境に陥れる点では同じなのだが、それはあくまで表面的な現象面の話である。

この二つの危機が間を置かずに到来するこの状況を、比喩的に表現するのにぴったりな言葉がある。中国の故事「前門の虎、後門の狼」というものだ。一二～一三世紀の元の頃、趙雪航という学者が記した「評史」にある一節が元となって生まれた言葉だ。

紀元一世紀頃の後漢に恒帝の妃となった竇《とう》太后は、一族を次々と重要な役職に就け、権力掌握に向けて着々と地歩を固めて行った。その中で、大将軍となった太后の父竇武《とうぶ》は、かねてからの宦官の専横を見かねてこれを一掃すべく計略を練る。しかし、この計画は半ばにして宦官側に漏れてしまう。宦官たちが武たちの計略に先んじて手を回した結果、計画は失敗に終わっただけでなく、帝への大逆の汚名を着せられることとなる。武は宦官粛清の企てが露見することを恐れて自殺、その子であった太后も幽閉され、竇一族はすべて宮廷から追放されてしまう。

こうして、権力を手中にせんとした竇一族は排除されたが、その後宦官の専横はますますひどくなり、人々は「前門の虎を拒《ふせ》ぎて後門の虎を進ましむ」と為政の乱れを嘆いたという。これが「前門の虎、後門の狼」の起こりで、現在では一難去ってまた一難、次々と厄災が降りかかるというたとえに用いられる。

私たちが置かれている状況は、まさに「前門の虎、後門の狼」そのものである。前面からは「世界大恐慌」という大トラがうなり声を上げて身構えており、振り返れば後ろからは「国家破産」という獰猛なオオカミの群れが足音を隠して忍び寄る――まさに絶体絶命の事態である。

しかも、奇しくもこの経済的な「トラ」と「オオカミ」は、まさに本物の獣が「ネコ科」と「イヌ科」でまったく異なるのと同様に真逆の性質を持っており、それゆえ単一の備えだけで切り抜けるのは至難となっているのだ。

では、私たちは座して食われるのを待つだけかといえばそうではない。トラには虎の、オオカミには狼の気質や弱点があり、そこをうまく衝けば十分に伍することができる。同様に、恐慌も国家破産もその本質的な性質をきちんと理解していれば、適切な対策を講じて難を逃れることは可能なのだ。

恐慌と国家破産の本質的な性質

ではさっそく、恐慌そして国家破産の性質と違いを押さえて行こう。もったい付けずに核心をシンプルに言うとこうだ。

恐　慌　＝　お金（現金）の価値が高まる

国家破産　＝　お金（現金）の価値がなくなる（毀損する）

経済や財政の専門家などに言わせれば、こんなに雑で紋切りな断定などあり得ないと憤慨することだろう。しかし往々にして、学術的な正しさや精密さは私たち一般庶民の生活防衛や資産保全にとって大して役に立たない。私たちが激動を生き残るにあたって重要な点にフォーカスするなら、これぐらいに大ざっぱな捉え方でも十分である。もちろん、かなり要素をそぎ落とし、簡略化した言い方であるから、細部については今少し補足して行きたい。

まず恐慌だが、これは順調であった景気が突然急激に後退する現象である。

株価の暴落、失業者の激増、滞貨（商品が売れずに倉庫に積み上がること）の増大、企業の倒産、銀行の取り付けなどが起き、経済活動が著しく低下して社会に大混乱をもたらすというものだ。

恐慌でお金の価値が高まるとは？

恐慌という現象は、しばしば好調な経済状態が長く続き、実体を伴わない経済活動がバブル化し崩壊した結果として現れる。もっとも顕著な例は一九二九年の世界恐慌直前であるが、その直前の一九二〇年代には「狂騒の二〇年代」という景気過熱期が米国を中心に訪れた。一九九〇年のわが国の株価大暴落、不動産価格急落とその後の「平成恐慌」とも言うべき経済混乱においても、それに先立つバブル経済があった。当時を知る人であれば誰しも思い当たるであろう。カネがカネを生み、株でも土地でもおよそモノの値段が際限なく上がって行く様は、まさに中身も実態もないバブルであり、その夢見心地な泡の乗り心地に酔いしれた者は、泡が弾けるとしたたか地面に打ち付けられ、大けがをしたどころか、中には命をも落とした者も少なくなかった。

これを金（マネー）の側から見ると、モノの値段が急騰して行くバブル期には相対的に急速にマネーの価値が希薄化するが、バブルが崩壊し恐慌になると反動的にモノの値段が急落、すなわちマネーの価値は急上昇するのである。

国家破産でお金の価値がなくなるとは？

一方、国家破産は狭義で言えば国が債務不履行になるということだ。民間企業や個人と同様、国も国債を発行して「借金」をしている。健全な財政運営をしている国では、この借金は国家の収支バランス（徴税などでの歳入と行政サービス提供による支出）をうまくとって返済を続け、国の信用が失墜することはない。しかし、ひとたび何らかの理由で収支バランスが崩れ、借金返済が行き詰まると事態は深刻だ。借金返済が一度でも滞れば国際的に「デフォルト」

（債務不履行）国家と認定され、信用は著しく毀損する。国内外の国債保有者は、不安に駆られてそれを投げ売りしようとするだろう。

しかし、そんな国債を買い取ってくれる人など当然いないため、パニックとなる。仮に政府が国債を引き受けるとしても、そもそも借金すら返せない状況であるから、そのような状況になると、政府が打てる手は大ざっぱに三つしかない。一つ目は「借金の踏み倒し」、二つ目は国民からの強制徴収すなわち「徳政令」、そして三つ目は「通貨の増発」である。

一つ目の「借金踏み倒し」だが、これはそもそも「デフォルト」のことである。これが行なわれると、債権を保有している個人や企業は場合によっては破産や倒産に見舞われることもある。先の大戦中、日本では国家の非常時であるので、軍需品の対価や工場疎開の費用、徴用船舶の損失などを政府補償していた。しかし、戦後GHQの命令により、この戦時補償には戦時補償特別税という税金がかけられた。その税率は、なんと一〇〇％。つまり「借金の踏み倒し」そのものである。

アルゼンチンは、この一〇〇年間に六度ものデフォルトに陥った〝国家破産の常習犯〟だが、海外の国債保有者の割合が大きかったため日本とは異なる問題が起きた。二〇〇一年のデフォルトの際、債権者である米国の金融機関などが国際法をタテに訴訟を起こす事態となったのである。このため、アルゼンチンは米国をはじめ各国から経済制裁を受けることとなり、国際社会では著しく不利な立場に置かれることとなったのだ。

国債は、銀行などの金融機関が国債を保有している割合が多い国も少なくない。かつての日本もそうであったが、こうした状況下で仮に銀行が倒産や経営危機に陥れば、預金者は資金引き出しができなくなったり、大幅に資産を減らされる危険が出てくる。そうなれば、経済的に大パニックとなることは必至だ。日本の場合、金融機関の日本国債保有率は以前よりは下がったが、その代わりに日銀が大量に保有しており、別の意味で危険な事態を招来しかねない。

では、これを避けるために国民から強制徴収するという方法はどうか。日本では敗戦後すぐの一九四六年に預金封鎖を実施、封鎖預金に対して最大九〇％

の財産税をかけられた。幸い、この時には暴動などは起きなかったが、それは第三章で見た通り、当時は絶対権力ＧＨＱの軍事的支配下にあり、また財産税の対象が一部の持てる者に限られていたことも大きかっただろう。海外諸国に目を向ければ、近年国家破産的状況に陥った国々で増税などの徳政令を行なった国々ではデモや暴動が多発し、国家運営が極めて危険な状態になっている。

つまりこうした「徳政令」は、一つ間違えれば政府転覆（クーデター）などの社会混乱を招きかねない極めて危険なやり方である。日本の場合、歴史的にみると二度の実質的国家破産状況（明治維新と第二次世界大戦敗戦）はいずれも外国からの圧力が大きな背景にあった。このことからも、今後も日本は政府が自律的に「徳政令」を選んで財政再建する可能性は低いとみられる。

その意味では、次の国家破産時にはＩＭＦなどの国際組織や主要国からの経済制裁などを受けて、やむなく財政再建する流れの中で徳政令が行なわれる公算が大きいだろう。

そうなってくると登場するのが、三つ目の「通貨の増発」である。国家は

「通貨発行権」という強力な権力を持っていて、何もないところから自由に金（マネー）を生み出すことができるのだ。国債が返済できなくなった場合、通貨を刷ってそれを渡せば問題はあっさり解決してしまうのである。しかし、これは「通貨価値の下落」という、とんでもない副作用をもたらすのである。

二一世紀の現在、国家が事実上破産状態となりすさまじい通貨価値下落に見舞われている国がある。ベネズエラだ。二〇一八年は年間一〇〇万～一〇〇〇万％という想像しがたいインフレとなることが見込まれており、国民経済はもはや壊滅同然である。何しろ、一年で一〇万倍もの物価上昇が起きるのだから混乱は図りしれないだろう。しかも最悪なのは、現政権が権力維持のためにあらゆる手を使い、事実上の独裁体制を布こうとしているのである。もはや近代国家の体を成していないベネズエラでは、貧困を極めた人々が次々と国を捨てて隣国へ逃げ出しており、周辺国にも深刻な難民問題をもたらしている。

二〇〇九年に自国通貨を放棄し国家破産したジンバブエも、同様に独裁体制による独断的政権運営により二億三一〇〇万％という天文学的なインフレに見舞われた。ちなみに、終戦後すぐの日本でも厳しいインフレに見舞われたが、インフレ率に直すと最大で五四〇％（つまり一年で物価が五・四倍）と言われている。

日本が財政危機に陥った時、いずれの方法を用いるかを断定することは難しいが、最終的に通貨の価値が下落し、インフレが進行する可能性は極めて高い。著しい債務累積によって、すでに日本国債のデフォルトリスクは世界的にも危険視され始めている。つまり、今後さらに債務が累積するようであれば、いずれどこかの時点で日本国債に圧倒的な売り圧力がかかるのは明白ということだ。

現物の日本国債は、日銀がすさまじい量を抱え込んでいるためそう簡単には売り崩されないが、日本国債先物は外国勢も多く参加しており、これを売り崩されて現物に波及する危険性がある。

さらには、日銀が国債と引き換えに発行している日本円が、日本国債の信用不安を理由に売りたたかれることになれば極めて危険な状況に陥るだろう。著しい円安によって輸入大国日本の物価水準は、急激に跳ね上がることになるからだ。通貨乱発ではなく、円安によるハイパーインフレという事態になりかねないのである。

恐慌と国家破産で共通すること

このように、お金（マネー）を軸にして考えると、恐慌と国家破産はまったく逆の動き方をすることが見えてくる。そして、これを踏まえた対策を講じなければ、大事な資産を守り、さらにはピンチを逆手に資産増大を狙うことは、到底かなわない。この基本をしっかりと踏まえることが、何より重要だ。

一方で、恐慌と国家破産に共通する事象もある。この機会に、それらについてもしっかり押さえておきたい。

①失業・倒産

恐慌も国家破産も、深刻な不況をもたらす。そうなると、必然的に増えるのが失業や倒産だ。現役世代にとっては極めて深刻な事態であり、できる限りの備えを行なう必要があるだろう。

一度失業や倒産をしてしまうと、激動の時代にはふたたび職を得たり起業したりすることは非常に難しくなる。そこで、なんとしてでも失業や倒産をしないための工夫が必要となるが、恐慌時と国家破産時では実は対策することが微妙に異なる。本書ではあくまで「資産防衛から攻めの運用まで」を主眼としているため詳細は割愛するが、恐慌時と国家破産時では需要が増える仕事とそうでない仕事があるため、その点をしっかり見極めることが重要である。

また、年金生活者への影響であるが、恐慌時は基本的に年金受給に関する影響は少ない。むろん、日本の年金制度には「マクロ経済スライド」と言われる景気変動を支給額に反映させる仕組みがあるため変動はやむを得ないが、いきなり年金が半分になったりなくなったりということはない。

年金生活者にとって本当に怖いのは、国家破産である。年金支給の大元である国家が財政破綻するのだから、当然その影響は年金制度を直撃することになる。支給額カットや支払いの遅延など、財政再建のためになりふり構わぬ手が講じられることだろう。二〇一〇年に勃発した、いわゆる「ギリシャショック」では、年金支給が大幅カットされ、生活に困窮する高齢者が大量発生した。こうした措置が破綻した日本で起きないという道理はない。というより、政府の支出のかなりの割合が年金を含む社会保障関連費で占められていることを考えれば、財政再建の一丁目一番地は「年金カット」と覚悟しておく方がよい。

②治安の悪化、暴動、デモなど

恐慌や国家破産によって経済活動が著しく停滞すると、貧困に苦しむ人が大量に発生する。人々は社会への不満を溜め込み、それが臨界点に達すると暴動やデモが頻発するようになり、やがて治安の悪化という形で社会に影を落とすようになる。

先述のベネズエラでは、数年前から国家破産的状況が続いた結果、現在では深刻な治安悪化に苛まれている。私はその状況をつぶさに取材すべく渡航の計画を立てていたが、様々な関係筋から「危ないから絶対にやめろ」と釘を刺された。渡航に当たって、食べ物がないとか、護衛を付けないと出歩けないとか、あるいは最悪疫病が蔓延しているということも想定し、それでも渡航しようと覚悟を決めていた。しかし、現在はあまりに治安が悪いため、政府がクーデターや暗殺などを恐れて秘密警察を組織していることを聞き、やむなく渡航を断念したのである。

この秘密警察の何が恐ろしいかといえば、不穏な動きをする入国者を不当逮捕して、拷問や最悪抹殺までしてしまうのである。密入国などとてもできないし、一旦正規に入国すれば確実に捕捉・追跡されることとなる。そこで国家破産の窮状を取材などしようものなら、政府の悪評を垂れ流す悪党として逮捕・粛清されることは火を見るより明らかであるのだ。

話を戻そう。さすがにベネズエラの例はかなり極端だが、日本で同様の治安悪化が起きないという保証はどこにもない。日本人は比較的穏健ではあるが、それでも恐慌や国家破産といった経済的苦境になれば否が応でも人々は変質して行く。実際、戦前には恐慌で銀行の取り付け騒ぎやコメ騒動も起きているし、江戸時代には百姓一揆や一向一揆などの武装蜂起が各地で起きている。まさに「貧すれば鈍す」である。

こうした事態に備えて、危機意識を高く持ち、資産保全の対策にしっかりと反映して行くことが重要である。

国家破産時にだけ起きること

世界中に伝播する恐慌とは異なり、国家破産はその国固有の経済危機である。したがって、最悪の事態を回避するために国家はなりふり構わぬ行動に出てくる。すでに前述したが、「徳政令」と言われる一連の施策がそれである。具体的に言うと、①金融封鎖、②大増税、③財産の徴収が主なものである。

①金融封鎖

金融封鎖とは、経済の混乱を食い止め国家の財政を再建する名目で行なわれる資産の移動制限である。預金封鎖や銀行の閉鎖、引き出し制限、海外送金禁止といった制限が課せられることとなるが、預金封鎖や引き出し制限は恐慌によって銀行の破綻が懸念され、取り付け騒ぎに発展しかねない時などにも実施される。これは純然たる混乱の沈静化が目的であって、一時的な混乱が収まれば解除される性質のものである。

一方、国家破産による金融封鎖は最終目的が③財産の徴収にある。封鎖した資産に②大増税の一部を構成する財産税をかけることで実質的な資産徴収を行なうのだ。一九四六年二月にわが国で行なわれた預金封鎖と財産税は、まさにこの一連のシナリオを実施したものである。

国家破産に対策するためには、国家による国民資産への「投網」をかいくぐるための方策が必要となるのだ。

②大増税

財産税はまさに大増税の一角をなす恐ろしい税だが、実際にはそれ以外の税金もあらゆる形で増税が図られることとなる。二〇一〇年のギリシャでは財政再建のための増税策が施行された。付加価値税（日本の消費税に相当）が二％程度引き上げ、燃料、たばこ、酒にかかる税金は一〇％引き上げ、この他に自動車輸入税の一〇％上乗せや不動産の課税評価額引き上げといった措置も図られた。

極め付きは不動産特別税といわれるもので、固定資産税とは別に不動産に課せられたまさに「特別の」税である。しかも税金の取り方も独特で、電気料金と一緒に請求され、払わなければ電気を止められてしまうというものだったのだ。これにはさすがにギリシャの富裕層も耐えかねて、別荘を売りに出したというが、誰も高額の税金を払いたくないため買い手が付かず、別荘街が一時ゴーストタウンのようになったという。

日本でいかなる徴税形態をとるかは断言できないが、こうした前例を眺めれば財産税以外にもあの手この手で課税強化してくることは間違いない。

③財産の徴収

さらに強烈なのが「現物資産の徴収」だ。具体的には、「金《きん》没収」「貸金庫の封鎖」である。果たして本当にそんなことをするのか？　と思われた方も多いかもしれない。しかし、私は十分に起こり得ると考えている。

特に、「金《きん》没収」はかの米国ですら行なっている。世界恐慌直後に大統領令が下され、個人での金《きん》の保有を禁止された上、持っている金《きん》は市井の価格より大分安いレートで交換させられたのである。

また非公式の話にはなるが、終戦直後の日本でもGHQの進駐時に地方の豪農の蔵を開けさせ、金《きん》の接収を行なおうとしていたという話が残っている。他にも没収とは少々異なるが、一九九七年のアジア通貨危機下にあった韓国では、金《きん》を供出して国を助けようという「金《きん》集め運動」が行なわれた。国家が破産、崩壊の危機に瀕すると、政府は金《きん》を欲するようになる。ゆえに、こうした話が出てくるようになるのだ。

金《きん》没収だけでなく、貸金庫を開けて財産を没収したという話もある。一九九八年のロシア危機でのことである。私も現地取材をしていて「まさか」と思ったが、こうした可能性も十分あることには留意すべきだろう。ちなみに、私が取材した破産国家のうち、ロシア以外（アルゼンチン、ジンバブエ、トルコなど）では貸金庫が開けられ財産没収されたという話はなかったため、可能性としてはそれほど高くはないものと思われる。

資産保全の具体的ノウハウ

では、ここまで見てきた恐慌と国家破産で起きることを踏まえて、具体的な資産保全ノウハウの基本編について解説して行こう。ここでの内容はあくまでも「基本」であり、本当に必要最小限のものであるから、読者の皆様には保有資産の多寡に関わらずぜひとも実践していただきたい。

もちろん、今少し余裕を持っている方は、後述する応用編もご覧いただき、手を講じていただくことをお勧めする。

■予備編■

① 保有資産を棚卸し・処分する

資産保全の対策を実施するにあたって、まず取り組むべきは資産の棚卸しと処分だ。これを怠ると、いかに良い資産保全策に取り組んでもその効果は不十分なものとなる。

具体的には、総資産が一〇〇〇万円未満なら一万円単位で、一〇〇〇万円を超える場合は一〇万円単位で資産の棚卸しを行ない、どこにどのような資産がどれだけあるかを正確に把握する。借金も資産であるため、合わせて棚卸しする。全体を把握できるよう一枚のリストにまとめ、それをしっかりと頭に叩き込んで、それから具体的対策を練って行くのだ。

②資産は分散を心掛ける

「卵を一つのカゴに盛るな」という有名なことわざがある通り、大事な資産は一ヵ所に集中させず、なるべく分散することを心掛けたい。恐慌や国家破産は、私たちに予想外の事態をもたらす。たとえば「絶対潰れない」と誰もが考えるような銀行ですら、潰れることがあり得るのだ（リーマン・ショック時に、どれだけの有名企業が倒産・経営危機に陥ったか思い出して欲しい）。となれば、あらゆるものごとに「絶対は絶対ない！」と考え、預入先を慎重に吟味することだ。

この時、資産の預け先はなるべく違った性質のものを選ぶべきである。Ａに預けた資産がダメージを受けてもＢが生き残る、Ｂも影響を受けたとしてもＣがある、となるようにするのが狙いであるから、たとえば地元のＡ銀行、Ｂ銀行、Ｃ信金といった選択はすべきでない。恐慌で地銀が軒並みダメージを受けたら、最悪資産が全滅という憂き目を見るからだ。

■分散こそが保全の王道■

③株の取り扱い

あなたが株を持っている場合、恐慌の到来前にしかるべきタイミングで売却することを強くお勧めする。現在の株式市場は、政府・日銀による官製相場的な色合いが濃いが、恐慌に陥れば否が応でも株価は暴落する。私は、今のところ二〇一九年後半～二〇二〇年に大きな暴落が到来すると読んでいるが、それまでの手頃なタイミングを見計らってすべて手仕舞いすることだ。含み損を抱えて塩漬けにしているという方も、この機会に一斉処分した方がよい。

一時的に損失が確定してしまうが、心配することはない。暴落後は絶好の買い場が到来する。特に国家破産的状況になった時は、ハイパーインフレによりマネーの価値が下がる可能性が高い。そうなれば、相対的に株価は上昇する。

つまり、恐慌時と逆で国家破産時には株を持った方がよいということだ。

この時に買い出動できるよう、現金を準備しておけば、目先の損失など簡単に取り返すことも可能となるだろう。

■株は恐慌時は売り、国家破産時は買い■

④不動産の取り扱い

不動産については、とにかく早急に売却の手続きに入ることを強くお勧めする。不動産は、売りに出してから現金化するまでに相当時間を要する。しかも、日本は少子高齢化によって不動産需要は先細りが目に見えている。もし恐慌に突入してから慌てて売り出しても、良くて二束三文、最悪は買い手付かずという事態にもなりかねない。

さらに、国家破産によって財政危機に陥れば、先のギリシャのように固定資産税や不動産特別税の大増税も実施される可能性がある。そうなれば、「売れない」「資産価値はない」「重税はかかる」という、「呪われた資産」になってしまう危険もあるのだ。

近年は、新聞や雑誌、テレビなどでマンション経営などの不動産投資が注目を集めているが、はっきり言って絶対にやめた方がよい。すでにシェアハウス「かぼちゃの馬車」を運営するスマートデイズが破綻、悪質な貸し付けを行なっていたスルガ銀行が行政処分を受け多額の経営赤字を抱える事態となっていることからも、不動産投資のビジネスモデルは行き詰まりの体であるが、ここに恐慌が到来すれば崩壊は火を見るより明らかである。

特に、国内のものはすでに物件供給が飽和状態を完全に超えつつあり、これからわざわざ手出しをするような代物ではないことを銘記いただきたい。

不動産に関連して、自宅をどうしたらよいかは悩みどころである。だが、はっきり言おう。自宅にわずかでも資産的価値を期待するなら、価値があるうちに売ることだ。持ち家を持ち続けてよいのは、家を消費財同様に資産価値がなく、自分や家族が生活するための道具と完全に割り切っている人だけである。

前述の通り、最悪は買い手が付かず無価値になるばかりか、税金だけがかかる事態も考えられる。この時、「賃貸で家賃を払うより税金の方が安い」と割り切れる方なら問題ないが、そうでなければ家を売り、賃貸に移った方がよいだろう。賃貸であれば、家族構成の変化などに合わせて、より良いところに引っ越すことができ、選択の幅は広い。

また、住宅ローンの残債がある方はこうした事情に加えて市井の金利急騰による返済額増加のリスクも踏まえておくべきだ。一九九七年、通貨危機を迎えた韓国では、一時市中金利が三〇%近くにまで急騰、住宅ローン金利もこれに準じたため支払いが滞り家を手放した人が続出した。こうした最悪の事態まで想定して、ローンを払って住み続けるのか、手放すのかを検討して欲しい。

■不動産は恐慌、国家破産いずれにも不適。なるべく早めに売却を■

■実践編■

それでは、いよいよ資産保全の実践に移ろう。恐慌時と国家破産時では、マネーを軸にして見た場合、まったく違う景色となることを冒頭に触れた。これに従うと、資産保全の基本シナリオはそれぞれで大分異なるものとなる。

つまり、この対策は時期と情勢によって機動的に切り替える必要があるということだ。夏と冬で着るものを替えるように、適切なタイミングで資産保全の「衣替え」をするのだ。

ではまず、先にくるであろう恐慌時の資産保全を見て行こう。

① 恐慌時の資産保全法

一八一ページの図を見て欲しい。保有資産を一〇〇とした場合、大まかな資産の分散をこのように行なうことを推奨する。

おそらく、私の書籍を長くご愛読いただき、また講演会などにも足繁く通っていただいている方にとっては、「えっ⁉ すっかり方針変更したのか？」と驚かれるかもしれない。実はこれにはいくつかの狙いが込められているのだ。

まず、全資産のうち金融資産を七割程度とし、それを米ドルと日本円に分ける。恐慌時においても基軸通貨の価値は毀損しないと考えられるが、日本円についても次の恐慌時までは「有事の円」の地位を保つだろうとの見立てから日本円を三〇としている。

円と米ドルについては、基本は信頼性の高い銀行への預け入れだが、このうちの一部（基本は生活費三～六ヵ月分）を現金にして手元で管理することをお勧めする。特に円現金は、恐慌時に一時的に取り付け騒ぎなどのパニックとなった時、非常に有用である。米ドル現金に関しては恐慌時に使用する機会はあまりないかもしれないが、先々国家破産が到来した時には大いに活用できる可能性があるため、入手が容易な今のうちから用意しておくことをお勧めする。

なお、私がよく触れている海外の活用については、恐慌対策に関しては必須

恐慌時の基本的な資産保全配分

全資産を100とした場合

円 	30
米ドル 	40
金 	20
ダイヤ 	10

ではない。というか、前章までで触れた通り、世界的な債務膨張によって世界各国のいずれにおいても懸念要因があるため、むしろ不用意に海外に資産を預けることは極力避けるべきだ。

特にニュージーランド、オーストラリア、カナダなどは不動産バブルと家計債務の累積でかなり危険な状況にある。こうした諸外国は、危機が勃発すればかなりドライな対応を行なう公算が高く、銀行の倒産によってお金が戻ってこない、あるいは政府が一律で預金に課税する（二〇一三年三月のキプロスで行なわれたような）といった可能性すらある。

すでに海外口座を持っている方の場合、その維持のために最低限の資産を預けておくのはよいが、それ以上に多額の資産を預けておくことは避けた方がよい。また、すでに多額の資産を預けている方はなるべく早く日本に引き揚げることを強く奨める。

なお、すでに海外ファンドをお持ちの方については、後段「国家破産時の資産保全」のところでまとめて触れる。

さて、続いて現物資産を見て行こう。金《きん》については、「有事の金《きん》」の言葉通り恐慌時には相対的に価値を増す可能性が高いため、現金に準じる資産として全体の二割という比較的大きな割合を割くことをお勧めする。しかしながら、これはあくまで恐慌対策であって、国家破産対策時には状況が変わるため保有割合も変化させることに注意だ。

そして最後にダイヤだが、これはプラスαの現物による資産防衛として保有を奨めるものだ。金《きん》は状況によっては非常に扱いづらい資産クラスになり得る。そこで有望なのがダイヤモンドだ。ダイヤモンドは小さく持ち運びがしやすい上、金属探知機にも引っかからないため、いざという時持ち運んで避難するということが容易である。さらに、金《きん》は資産として当局が捕捉対象とする物だが、ダイヤはあくまで宝飾品として嗜好性の高い物品と認識しているため、捕捉・接収される危険が非常に低いのだ。こうした事情を考えると、ダイヤを全資産の一割程度保有しておくことは、ゆくゆく非常に有用である。

ただし、ダイヤは金《きん》などと違い、「どこで買うか」を間違えると致命的ともいえるほど異なる結果になる。間違ってもデパートや宝飾品専門店で買ってはいけない。ダイヤの選び方やどこで買うのかについては、拙書『有事資産防衛 金か？ ダイヤか？』（第二海援隊）に詳しく解説しているので、ぜひ参考にして欲しい。

さて、いずれの現物資産にしても、基本は業者に保管を任せず、現物を自分の手元で管理すべきである。後段に触れる国家破産時の資産保全に通じるが、国家による資産接収のリスクに対応するために、先んじて手を講じた方がよいためだ。保管場所については、治安の悪化に備えて堅牢なものを準備するか、誰にもわからないところに隠すかといった工夫が必要だ。現物資産が数百万円以上ある方の場合、自宅に金庫を設置して保管することをお勧めする。

その際、二〇〇～三〇〇キログラム程度のいわゆる「耐火金庫」などが手頃でよいと思われがちだが、実はこの程度ではちょっと手慣れた泥棒なら持ち出してしまうため不適である。また、意外なことだがダイヤは数百度程度の熱でも気化が始まってしまうため、耐火性能が相当高いものでないと保管に適さない。したがって、理想的には重量が約一トン程度の「防盗金庫」を専門の業者に設置してもらうのが望ましい。

ただし、防盗金庫は設置工事も含めると数百万円程度はかかるため、中に入れておくべき現物資産を考慮して検討すべきである。

②国家破産時の資産保全法

次に、国家破産時の保全について見て行く。同じく全資産を一〇〇とした場合、一八七ページの図のような配分を推奨する。

国家破産時には円の価値が大きく毀損する。したがって、日常生活に足りる分を残してあとは日本円以外の資産に替えておくことが基本となる。恐慌時に引き続き、手元現金はイザという時に役立つためぜひ準備していただきたい。

また、米ドルについては大幅に比率を上げ、全資産の半分以上とするのがよい。円が紙キレになるにしたがって、相対的に米ドルの価値は飛躍的に高まることになるためだ。また、国家破産状況の国では、自国通貨の代わりに米ドルが使われることが多い。専門的には「ドル化」という現象だが、これを見越して手元に米ドル現金を用意しておくことも極めて重要だ。

この時、額面の大きい一〇〇ドル札や五〇ドル札ではなく、可能な限り一〜五ドルの小額紙幣を揃えたい。国内で米ドルが流通すると言っても、ほとんどの場合それは非公式のものであり、また相手方も確実に釣銭を用意しているわけではない。ちょうどの額が出せなければモノが買えない、あるいはおつりをもらえず結果高い買い物になるといったことになりかねないのだ。

まとまった資金の預入先は、できる限り海外がよい。——ここが恐慌対策と国家破産対策の決定的な違いの一つだ。国内はとにかく銀行倒産や増税、資産接収といったリスクに満ち溢れているから、ごく一部の預入先以外は基本的に不適である。

では、「預け入れに適した国内のごく一部」はどこか。証券市場である。後段の章で今少し詳しく触れるが、株、先物などの市場は国家破産時でも機能している確率が高いため、これを活用するのだ。

国家破産時の基本的な資産保全配分

全資産を100とした場合

円 	10〜20 （うち一部は手元現金）
米ドル 	50〜60 （ごく一部を手元現金に。他通貨も可。八割は海外へ）
金 	10
ダイヤ 	20

海外の預入先としては、海外口座、または海外ファンドが極めて有効である。基本的に通貨は米ドルだが、経済情勢次第ではニュージーランドドルや豪ドルなどに一部を転換してもよいだろう。

狙い目の国としてはニュージーランド、シンガポール、ハワイなどであるが、もし国家破産時に海外口座を活用するつもりならば、なるべく早く、できれば恐慌前に口座開設することをお勧めする。

昨今の国際金融を取り巻く情勢は厳しさを増すばかりで、以前は非居住者（外国人）の口座保有に寛容であった先進諸国でも、口座の新規開設基準を引き上げたり、そもそも非居住者を断ったりするところが増えてきているのだ。これに恐慌が到来すれば、海外口座の開設はますます厳しくなって行くだろう。そうなる前に口座を開設しなければ、イザという時には手遅れという可能性が高いのである。

さらに進んだ資産保全策「海外ファンド」

　前述の海外口座は、日本国外に現金の出し入れ口を持つことで国家破産の有事にも資産を保全できる非常に有効な手であるが、一方で開設のしづらさや税務面の煩わしさなどの問題点もある。

　まず、海外口座は多くの場合、現地に渡航して開設する必要がある。共同名義口座にすることで万が一の際にも引き出しが可能だが、その場合は名義人全員が渡航する必要があり、ちょっとした大仕事になってしまう。国によっては遺言書の提出を義務付けられている場合や、名義人死亡時の資産引受人を指定する書類の提出が必須な銀行もあり、こうした書類の作成も必要となる。また、利息が付く口座であれば、確定申告を毎年行なうことも必須となる。意外にも海外口座の保有・管理は大変なのだ。

　しかし、海外ファンドの場合、こうした手間がかからずにできるものも少なくない。たとえば、買付け手続きは国内からでき、送金も日本の銀行から行なう。共同名義化も書類を日本から出すだけでよく、身分証などの必要書類が整えば原則誰でも買付けが可能となる。しかも、利息や配当が出ないため、確定申告はファンドを現金化して利益が出た時だけでよい。

また、ファンドは口座への預け入れとは異なる魅力も備えている。基本的にファンドは「ファンドマネージャー」と呼ばれる運用のプロが、世界中の市場に対して様々な運用戦略を駆使して取引を行なうもので、中には恐慌相場や国家破産といった逆境を逆手にとって収益を上げられる戦略まであるのだ。その恐慌や国家破産にも強いファンドとは、ズバリ運用戦略に「ＭＦ戦略」を採用しているものである。

本書ではこれ以上詳しくは説明しないが、この他にも日本国内にはない魅力的な運用戦略を用いて様々な経済情勢に強みを持つ海外ファンドが存在する。こうしたものをいくつか保有していれば、恐慌時あるいは国家破産時にも十分資産保全に力を発揮してくれることだろう。

こうしたファンドの活用に興味がある方は、ぜひ私が主宰している会員制クラブ「ロイヤル資産クラブ」「自分年金クラブ」に入会し、専任スタッフのサポートを受けて取り組んでいただくことをお勧めする。およそ二〇年にわたる海外ファンド情報の提供と、豊富な助言経験によってあなたの資産防衛をしっかりとサポート可能である（お問い合わせは「日本インベストメント・リサーチ」〈〇三—三二九一—七二九一〉まで）。

保全の基本を固めてから「大チャンスに変えるノウハウ」を実践しよう！

ここまでで、恐慌そして国家破産時の資産保全の基本を見てきた。これらの対策は、武術にたとえるなら「受け身」や「型」に相当する、いずれも基本中の基本である。ぜひともこれらは確実に実践していただき、守りの備えを万全にしていただきたい。

なお、本著では紙幅の都合上、具体的な実践方法について紹介しきれなかった点もある。前述した会員制クラブ「ロイヤル資産クラブ」「自分年金クラブ」では、海外ファンドの情報提供のみならず本章で取り上げた恐慌・国家破産対策の具体的な実践法についても助言している。こうした情報を得るだけでも十分に価値があると思われるので、興味がある方はぜひとも活用を検討していただきたい。

基本対策を一通り実践したら、いよいよ次章から「ピンチを大チャンスに変える」攻めのノウハウに話を移して行こう。ここからは基本編と比べてより柔軟性や決断力、そして日頃の修練や学習が必要となる。しかし、きたるべき激動の時代を生き抜くにはいずれも必須の能力となるだろう。ならば、その能力を「大チャンスをつかむ」方に大いに活用してもよいのではないだろうか。

まずは次章以降をじっくりと熟読いただければ、これからの時代が見ようによってはいかに魅力的かをご理解いただけることだろう。

第六章　ピンチを大チャンスに変える極意とは

俺は着実に物事を一つずつ築きあげて行く。現実に合わぬことはやらぬ。

（坂本龍馬）

ケネディが米国大統領になれた遠因

米中西部サウスダコタ州。日本人はほとんど行くことのないこの荒野が延々と続く広大な大地の西部に、「ラピッドシティー」という小さな町がある。不思議なことに、中西部の中心都市デンバーからこの片田舎の町に毎日定期便が何便も飛んでいるのだ。

私は今から三十数年前の毎日新聞カメラマン時代に、この片田舎の空港に降り立ったことがある。目的は、米軍が世界に誇る「戦略核部隊」の取材であった。町の郊外に米戦略空軍（当時はアメリカの最大の敵であったソ連本土を核攻撃するための部隊）の世界最大の基地があった。また、はるか郊外の荒野の中には、無数の大陸間弾道ミサイル（ＩＣＢＭ）の地下発射センターとミサイルサイロが点々と埋まっている。そのソ連との核戦争に二四時間態勢で備える部隊を取材してまわったが、最後にアメリカの最極秘部分ともされる「空飛ぶ核戦争司令部」の内部の撮影と取材にも成功した。

その緊張の連続の時間のあとに米軍広報の将校が連れて行ってくれたのが、「マウント・ラッシュモア」であった。そう、あの四人の大統領の顔が彫られた巨大な岩山である。この小さな町に、一日に何便も旅客機が飛んでいるという理由はそこにあったのだ。四人とは左から第一代合衆国大統領ジョージ・ワシントン、第三代トマス・ジェファーソン、第二六代セオドア・ルーズベルト、そして第一六代エイブラハム・リンカーンである。

では、次に彫られる五人目の大統領とは一体誰か。アメリカの人気投票ではロナルド・レーガンということになっているが、私はあのジョン・F・ケネディを推したい。そのケネディが合衆国大統領になれた理由こそ、一九二九年のNYでの路上の小さな出来事だった。

大恐慌直前の株が連日のように高騰していたある日のこと、ジョン・F・ケネディの父親ジョセフ・P・ケネディはたまに立ち寄る靴みがきの少年のところへ出かけたのだ。それが、彼とアメリカの運命を変えた。片足を靴みがき台の上に乗せながら通りの様子を見ていた父ケネディの耳に、ある言葉がとびこんできた。「おじさん、オイラも株に投資したいんだけど、何か良い銘柄があったら教えてよ」。父ケネディはわが耳を疑った。「こんな少年まで株をやろうとしているとは。もう相場はおしまいだ。もうすぐ大暴落がやってくるぞ」。

彼が天才たる由縁は、少年の言葉を聞いて、すぐその点に気付いたことだ。凡人ならば、先輩面《づら》して「キミにピッタリの銘柄を教えてあげるから、次回まで待っておいで」などと言うに違いない。父ケネディはまだ靴がすべて磨き上がっていないのに、親切にも「絶対に今、株を買ってはいけないよ。そのうち良いタイミングがきたら、良い銘柄を教えるからそれまで待つように」という言葉と多めのチップを残して、足早にその場を立ち去った。彼はオフィスに戻ると全スタッフを集めて、「全銘柄をすべて、なるべく早く叩き売れ‼」とわめき散らした。スタッフの中には「もっと上がるのに、今なぜ売るのですか」と反問する者もいたが、父ケネディは断固売り逃げを主張した。

それから三ヵ月ほど、株はさらに上がった。スタッフは全員「父ケネディは無能だ」と思った。ところが、その直後にあの大暴落がやってきて、世間は騒然となった。それから三年後、父ケネディは現金を持ち続け大底で優良銘柄を買いまくり、大資産家へとのし上がって行った。そして息子を合衆国大統領にするという野望もなし遂げた。アイルランド系初の大統領の誕生である。

後述する話題なのだが、もし、その父ケネディが現代に生きていたら、絶対に「オプション」をやっていたことだろう。

バブル崩壊の恐ろしさ

さて、話は現代へ戻る。今から二九年前のことである。一九九〇年、日本の株は前代未聞の暴落トレンドに突入し、そのすぐあとに今度は不動産が大きく下がり始め、日本を支えてきた不動産神話はもろくも崩れた。

多くの人々が資産を失い、中には自殺に追い込まれたり、夜逃げせざるを得なかった家族まで出た。

そして株価（日経平均）は、二〇〇九年の三月（リーマン・ショックの直後）にようやく七〇〇〇円台で大底を打ち、それまでの約二〇年の間低迷し続けた。しかも、天井の四万円弱から五分の一以下にまで暴落したのだ。

不動産にいたっては、たとえば東京・世田谷区成城の高級住宅街の地価は一坪一〇〇〇万円強が二五〇万円と四分の一程度の下落ですんだが、その一方で新宿の甲州街道沿いのペンシルビルなどは、最後は借金返済に行き詰まり銀行に取り上げられたあと、銀行自体も資金繰りに窮したため海外のハゲタカにバルクセール（まとめ売り）という形で売り渡され、バブルピークの高値の一〇〇分の一という羽目に陥った。

バブル崩壊というのは、そのくらいすさまじいツメ跡を残すものなのだ。

そして、日本経済全体も「失われた二〇年」という空白の時間を長期間にわたってさまよわざるを得なかった。

しかし、この逆風下で資産を大きく殖やした人間もいる。その一人が、何を隠そう私自身である。そこで、どうやって私がこの二十数年間のバブル崩壊後の時間の中で資産を殖やしたかを皆様にご披露しよう。それこそ、ピンチを大チャンスに変えた物語である。

経済ジャーナリスト浅井隆の誕生

コトの始まりは一九九〇年二月である。日本の株は、この二月中旬を境に大暴落に突入して行ったのだ。それから一ヵ月半後のことだ。当時、私は毎日新聞東京本社の写真部で報道カメラマンとして忙しい日々を送っていた。月に五、六回徹夜の二四時間勤務があったほどだ。何も事件がない暇な夜は三時間ほどの仮眠ができるが、事件や火事があれば寝る暇もないほどの忙しさだ。

その日は、不思議なほど何も起こらない日で、東京・竹橋のパレスサイドビル四階の編集局全体が珍しくシーンと静まりかえっていたのを覚えている。カメラの整備でもしようかと思って立ち上がろうとしたその瞬間、突然けたたましい音をあげて目の前の電話が鳴った。受話器を取りあげると、集英社の編集者・中村信一郎の落ち着いた声が響いてきた。
中村「今、一〇分ほどいいかい」
浅井「おお、今日は事件もなくて暇なので大丈夫だよ」
中村「そうか、ちょっと大事な話なので。浅井さんもご存じのように、今株が下がっているだろ。これはタダの暴落ではないよ。何か変だと思わないか。絶対ウラがあるはずだ」
浅井「そうか。でも、私は経済にあまり詳しくないし」
中村「いや、アメリカの核戦争司令部などをペンタゴンと交渉して極秘部分まで取材した浅井さんだ。経済だって同じことだよ」
浅井「えっ⁉」
中村「そうだよ。君にその全貌をあばいて欲しいと思って電話したんだよ」
私が尻ごみして黙ると中村信一郎はたたみかけてきて、「お前ならできる‼」と断言したのだ。そこで私は、一日熟考して決断し、やってみようと思った。
経済ジャーナリスト浅井隆の誕生である。

真相をつかんだものの……

まずは、日経本紙と日経金融新聞を半年前からすべて調べてみた。新聞社の数少ない休日や二四時間勤務の日の終了後の午後まで使って、私はあらゆるデータを読み込み、脳につめ込んで行った。新聞社には調査部という部門がある。そこに過去の膨大な各種データ、情報、写真が保存されている。もちろん経済データや経済関連の主要書籍もある。

私は若かった。多少の睡眠不足をものともせず、三週間でかなりのデータと知識を収集し、脳に叩き込んだ。それと並行してやったのが金融界に現在の市場動向を分析できる人物はいないかということだった。人材ハンターである。これは、集英社の中村信一郎と共同作業でやった。

そして、その人物はいた。その人物の本名はここでは言えないが、大和証券の内部の人間ということだけは申し上げておこう。私たちは彼と都内某所のホテルの一室で会って、テープを回わさないということを条件に知っているすべてを聞かせてもらった。その結果、信じがたい事実が浮かび上がってきた。どうやら、今回の暴落は仕組まれたらしい、ということがわかってきたのだ。しかも、その犯人は米系の証券会社らしいのだ。最初は私もまさかと疑ったが、調べれば調べるほどそうとしか思えない事実が出てくるのだ。

そこで、私はその内容を二ヵ月かけてまとめて『月刊プレイボーイ』に無記名で掲載した。ところが、反響はほとんどなかった。私は心底ガッカリした。これほどの重大なスクープなのに誰も気付かないとは。さらに私は、執拗に世間に知らせようと努力して、毎日新聞の経済部に原稿を持って行ったのだ。しかし、なしのつぶてだった。完全な無視である。

無理もなかったかもしれない。一つは私が写真部員だったことにあるかもしれない。新聞社における写真部の地位は編集局内で一番低く、しかも経済の知識など持っているはずがないと思われていたに違いない。突然、一写真部員が突拍子もない話を言ってきても、単なるたわ言と思われたに違いない。

もう一つの理由は、米系証券が使った道具はデリバティブ（金融派生商品）であり、まだ日本ではよく理解されていなかったのである。彼らは現物と「先物」の価格差を使って利益を出す「裁定取引」や、株価が大きく動くと数十倍から数百倍になる「オプション」を縦横無尽に使って、日経平均を一九八九年の秋には実体以上に膨張させ、一九九〇年二月からは大暴落させた。

その証券会社の名は、ソロモン・ブラザーズである。しかし、まったく不可思議なことにそれから一年以上経ったある日、毎日新聞は朝刊一面トップで「米ソロモン証券が巨額利益」（毎日新聞一九九一年一一月一七日付）という大記事を載せたのである。

日本市場を暴落させた張本人との出会い

それはさておき、当時私はなんとかこの事実を世に出そうと深く思い、様々な雑誌社に出入した。そしてついに、『月刊文藝春秋』が私の記事に目をとめた。

一九九〇年の八月号に一回きりの武史彦というペンネームで全文掲載された。一回きりというのは、ユダヤ系証券会社ということで報復をおそれたためだ。

しかし、これにはとんでもない後日談がある。その掲載から八年ほどあとのことである。知人の紹介で、ある金融関係の大物に出会った。六本木のクラブで酒を飲むうちに話がはずんで、その一九九〇年夏の『文藝春秋』の話になった。するとどういうわけか突然その大物の顔がゆがんだのだ。「えっ⁉　アレはあなたが書いたものだったのですか⁉」。その晩、その顛末で私たちの席は大騒ぎとなった。なんと、ソロモンの手口のすべてのシナリオを作ったのがその大物氏だったのだ。しかも一九九〇年の秋になって、大蔵省（現在の財務省）の証券担当官がその『文藝春秋』を握りしめてソロモンに乗り込んできて、「お前らはこんなことをやって日本市場を暴落させて大儲けしているだろう。ここに全部書いてあるぞ。早く担当者を出せ‼」とわめいたという。ソロモン中が大騒ぎとなり、彼もあやうくクビになるところだったという。

担当官をなんとかごまかして首の皮一枚で助かったとその大物氏は言ってい

たが、私が調べた内容はやはり事実だったのだ。

ちなみに、当時の大物氏のボーナスは、一回五〇億円だったという。私の原稿料は一〇万円ほどだった。しかも、ソロモンは一九九〇年からのわずか数年で日本市場から四兆円も稼いだという。

そこで少し長くなるが、当時私が命がけで書いた原稿の一部をここに掲載することとしよう。


このシナリオの場合、舞台は兜町であり、その上で大活躍する大道具は今回の大暴落で一躍脚光をあびた「裁定取引」である。今回の大暴落はまさにこの「裁定取引」というブラック・ボックスを利用することによって可能になった。「裁定取引」とは、先物や現物株の価格の開きを利用して利益を上げる取引で、米国では、ここ数年、特に活発に行なわれるようになっていた。

「先物オプション」も「裁定取引」も米の圧力によって日本市場に導

入されたものであり、まだ日本側の準備が整ってないうちにスタートしてしまったのである。これがつまずきの第一歩となった。（中略）兜町で「裁定取引」をおこなっている証券会社は、日本側が野村、大和、山一、日興の四大証券を中心に若干の準大手、米側はソロモン・ブラザーズ、モルガン、ゴールドマン・ザックスなどだが、最終日（決済日）には現物を売って先物を買い戻すわけだから、各社とも現物を全部売った。

ここに前代未聞の事態がおこる。

各社が七日に売った現物を、そのままそっくり全部、米系の証券会社「ソロモン・ブラザーズ」が翌八日に買い取ってしまったのだ。ソロモンは千九百億円もの大金を前もってどこからか用意して、各社が売った現物を全部買ってしまったのである。

「何かオカシイ」と感じていた証券会社幹部も何人かはいた。しかし東京市場は連日の上昇で四万円も間近という熱気におおわれており、

まさかこれが大暴落の直接の原因になるとは誰一人予想さえしなかった。（中略）
つまり、「裁定取引」の現物を全て握ることによって、ソロモンが〝市場を支配〟できるようになったわけである。現物を全て握ったソロモンだけが、現物を売るという行為で市場を下げることができるようになった。（中略）
「裁定取引」で自己増殖を繰り返したソロモンは、推定五千億円もの〝玉〟を抱えるまでに肥大化していった。そして、これが三月初めの不安へとつながっていく。つまり、三月初めにやってくる裁定の決済日に、もしソロモンがいっぺんにこれらを売ってきたら、日本側は当然支えきれない。こうして、日本側のソロモンに対する恐怖心はいやが上にも高まった。これが二月末から三月にかけての連鎖大暴落へとつながっていく。

二月中旬ころから、ソロモンの潜在的脅威が兜町に暗雲のようにたちこめ始めた。しかし、表面上は「年末上げすぎた分の調整だ。総選挙が終われば、株は急上昇する」との見方が大勢を占めていた。証券関係の専門月刊紙も街で見かける週刊誌の株式推奨ページも、そのほとんどが、「株はいまこそ買い」と太鼓をたたいていた。

しかし、事態は逆方向へ急旋回し始める。

自民勝利の二月一九日、上がるはずの株が下がった。大暴落への幕が切って落とされた。二月二十一日、史上三番目の千百六十一円安、二十三日、史上五番目の九百三十五円安。茫然自失の投資家たちの頭上を悪夢だけが通り過ぎ、誰も為すすべを知らなかった。

そして、ついに二月二十六日の月曜日。ブラックマンデーの再現を思わせる大崩壊が起こる。売り気配のまま、買い手がつかず、下がり続ける銘柄が続出した。

市場関係者の間からは、「相場は外資系証券に主導権を握られ、一寸先も読めなくなった」（「日経金融新聞」）という悲鳴があがり始めていた。ソロモンの言動は阿修羅のごとく、恐怖と畏敬の念をもって日本側から仰ぎ見られるようになっていった。
その結果、「明日の相場の流れは、ソロモンが売るか、売らないかにかかっている」という事態にまで発展した。（中略）
日本の場合、株が上がることによってのみ、証券会社もお客もハッピーで儲けることができた。株が下がることによって何のメリットもない。沢山のお客に株を買ってもらっている日本の証券会社は、いくら儲かるからといって「裁定取引」で日経平均を下げるわけにはいかない。彼らにはただ「買い」の呪文しか与えられていないのだ。（中略）ＮＹを抜き世界一の市場に膨張していた東京市場は、わずか三カ月でＮＹと同等以下にまでたたきつぶされた。
（『文藝春秋』一九九〇年八月号）

バブルの最高値で自宅マンションを売却

話を本筋に戻そう。私自身のことだ。『月刊プレイボーイ』の記事を書き終えたのが、一九九〇年四月末頃のことである。株は大分下がっていたが、まだ景気には何の影響もなく、不動産も下がっていなかった。しかし、私は「そんなにうまい話はない」と思った。そこで、再び毎日新聞の調査部にこもった。

一九二九年から始まったアメリカの大恐慌について、徹底的に調べた。そして一ヵ月後にある結論に達した。「六〇年前（当時から見て）の大恐慌ほどではないが、日本はこれから恐慌的状況、つまり巨大なデフレに入って行くと。しかもそれは最低でも一〇年は続く」と。しかも、「不動産はまだ下がっていないが、時間差をおいて大暴落する。しかも、その後日本の金融機関のいくつかが潰れる」と。このことを周り中の人々、新聞社の経済部から親戚のおじさん、おばさんまで、すべての人々に言って回ったが、誰一人信じてくれなかった。

そこで、私はこう考えた。「ならば、こうしよう。私自身の投資行動の結果で私の正しさを証明しよう」と。そこで自分の資産の総点検を二、三日かけてやった。毎日新聞の給与はタカが知れていたので大した資産もなかったが、唯一、五年ほど前に東京・狛江市に買ったマンションがあった。もちろん、自宅として家族四人が二DKの狭いところに住んでいた。私が買ったというより女房が以前教師をしていたので、その時の貯めたお金を元に買ったものだ。

私は、このマンションの価値が史上最高値近辺にいると判断した。もうしばらくしたら大きく下がるだろうとも。そこである夕方のこと、女房にこう言った。「今晩、大事な話があるから、子供を早く寝かせるように」と。夜の八時半くらいから一時間は話しただろうか。「不動産はしばらくしてから大暴落するよ。今が高値だから売ってしまおう」。

女房は「ウン」とは言わなかった。やはり女性というのは、自分の持ち家に必要以上にこだわるもののようだ。しかも、日本の不動産は戦後一貫して上がり続けてきた。株が多少下がったからと言って不動産が下がるなどとは、一九九〇年五月の段階では日本人のほとんどの人が思ってもいなかった。

私は女房の説得に手を焼いた。仙台の大学を優秀な成績で卒業し、頭もかなり切れるほうだったが、それでも私の言うことは簡単には理解できなかった。最後の殺し文句は、次のようなものだった。「買ってから五年経って、値段は三倍になっているよ。今売れば特例で税金も払わなくてもいいし、ちょうど一つ下の階の同じ広さの部屋が賃貸で出ているから、そこに入れば同じ生活ができるじゃないか」。ついに、女房は折れた。

私は新聞社の勤務とバブル崩壊の独自の取材の両方で多忙を極めていたので、女房に近所の不動産屋へ行かせることにした。その際にかなり細かい指示を伝えた。「値段にあまりこだわるな。買いたいという相手が出てきたら、相手の言い値で決めていい。なにしろ、もう間もなく壮大な下げが始まるから、その前に叩き売ることだ」。

結果、マンションは一九九〇年の六月末に最高値で売り抜けることができた。そのわずか四ヵ月後の一〇月から、不動産は前代未聞の大暴落トレンドに入ることとなる。不動産屋に行った際に女房は面白いことを言われたそうだ。「今、売るんですか。もったいないですネ。まだ倍にはなるのに」。

実は、日本人のほとんどが当時はそう思っていたのだ。この最高値で借金して不動産を買った人は、死ぬ目に遭ったことだろう。

浦宏氏との出会い

話は二年ほど飛ぶ。一九九二年の真夏のことである。株価暴落スタートから二年が経ち、世相は大分変わり始めていた。しかし、株の下落に慣れた日本人にも、一九九二年春から夏にかけての雪崩のような下げはさすがにこたえたらしく、すべての新聞、雑誌が「日経平均は一万円を割る‼　日本自体が沈没する」というような表現で大騒ぎをしていた。

さすがの私も心配になって、いよいよあの大先生に聞きに行くしかないなと思い始めていた。その大先生とは、「浦宏」のことである。おそらく読者のほとんどの方はその名前を知らないことであろう。だが、バブル崩壊直後の三、四年の間、私が一番注目していた人物だ。ある意味、「最後の相場師」と呼んでもよい、不思議な人だった。

私が彼を知ったキッカケは、一九九〇年の秋頃、この大暴落を事前に当てていた人はいないかと調査している時に見つけたある週刊誌の記事だった。その週刊誌とは『週刊文春』、そしてその後ろの方に毎週、「浦宏の株式教室」のような名前の一ページものコラムが掲載されていたのだ。そのバックナンバーを調べたところ、一九九〇年元旦号にその第一回目のコラムとして「株価は年明けから大きく下がる」と書かれていたのだ。

週刊文春の編集部に知り合いがいたので聞いたところ、元旦号の発売は一二月三〇日頃、文章の〆切りはクリスマス・イブの一二月二四日とのことだった。日経平均の天井は一九八九年一二月二九日の大引けの三万八九一五円で、たまたまこの日は大納会だった。その五日前に、一九九〇年の大暴落を言い当てていたのだ。やはり、普通ではない。

その週刊文春の知り合いの紹介で、浦宏の自宅を訪ねることにした。当時、私はＴＢＳの大物プロデューサーと一緒に、余暇を使って独自の経済の取材をしていた。もちろん、新聞社のカメラマンの仕事とは別にだ。その大物プロデューサー氏は、関口宏のサンデーモーニングを作ったりしていて、ＴＶ界でも有名だった。当時、彼はバブルの頃にある政治評論家の「この銘柄に今度仕手が入るから買っておきなさい」の言葉にほだされ、信用で大量に買ったままではよかったのだが、その株が大暴落して数千万円単位で穴を開けていたのだ。それを取り戻そうと、彼は私に目を付けた。私と組んで株の情報を入手して、大儲けしようという魂胆だったろう。

初めて浦宏に会った時、私は少しビックリした。すさまじい容貌だったからだ。あのスターウォーズの二作目に出てくる「ジャバ・ザ・ハット」のよう、といえば御理解いただけるだろうか。巨漢であり、大きな両目と怪物的雰囲気をもった〝最後の相場師〟といったところか。

そして大酒飲みである。当時の私からしたら、見たことも聞いたこともない高価なブランデーを買ってこいという。最高級ブランデー、「ルイ13世」というやつである。当時は格安店もなく、デパートで一八万円はしただろうか。それをどうしても飲みたいと、赤子のようにわめくのだ。当時の私の給料は年六〇〇万円弱で、月にすると五〇万円弱だ。税金、その他を引かれると四〇万を切っていただろう。それで親子四人が暮らしているのだ。貯金などほとんどなかった。そこからの一八万円の出費というのは、かなりこたえた。でも、自分にこう言い聞かせた。「これは将来への投資だ。今は雌伏のトキだ」。この一八万円のボトルを、何本運んだことか。

私は一九九二年の七月末か八月初めに、やはりそのいかにも高そうな角ばったボトルを抱えて怪物氏の自宅を訪ねた。「今度こそ、この代金の分の情報をもらうぞ」。なにしろ、暑い日だった。セミの声が、妙にやかましかったのをよく覚えている。最寄の駅から一〇分ほどの距離だったが、玄関前に立った時は白いYシャツが汗でずぶ濡れだった。

はやる気持ちで、私は一気にたたみかけた。「先生、今回の一連の暴落は尋常ではありません。このまま行けば日本そのものがなくなるとさえ書いている雑誌もあるほどです。一体、今後株価はどうなるのですか」。浦宏は私の言葉などまるで耳に入らないように、ボトルをこじ開けてグラスへと注いでいた。「ああ、いい香りだ」。「先生っ!!」。「いやあ、うめーなー」。

私は少し時間をおいた。その間、怪物氏は口にブランデーをふくみながら両腕を組んで目を閉じて何事かを考えていた。五分ほど経ったろうか。長い沈黙だった。突然、カッと目を見開らいたかと思うと、「浅井君、では教えてやろう。お盆明け頃から、日経平均は大反発するよ」。「えっ!?」――私は心臓が止まりそうになった。「そんな馬鹿な!?」。日本中が日経平均はもうすぐ一万円を割ると言っているのになんという発言か。すぐには信じられなかった。

プロデューサー氏いわく、私はしばらくまるで夢遊病者のように、「本当にそんなコトがあるのか」などとブツブツ言っていたという。

「オプション」との出会い

それから三日間というもの、ほとんど睡眠も取らず大恐慌のアメリカの株価のチャートやらあらゆるデータを調べてみた。その結果、やはり浦宏のいう通り、大反発する可能性が高いという判断に至った。そこで私がとった投資行動というのは、極めてオーソドックスなものだった。以前から注目していた仕手系銘柄に三分散して現物株を買うという、単純明解な手法である。

そして日経平均は、八月一八日を大底（一万四三〇〇円くらい）にして三週間で五〇〇〇円も上昇するという、前代未聞の大相場となった。浦宏の予測は、今回も適中した。当時の私は、一般の安月給のサラリーマンと一緒で大した資産もなかったから、三〇〇万円を現物株に投入して三週間で三割ほど値上がりして九〇万円が儲かった。税金を引いて手元に残ったお金は七、八〇万円程度だったはずだ。それでも月収五〇万円弱のほとんど貯金もできない当時の私としては、大変な額だった。それに、「一本一八万円のルイ13世の元が取れたかな」という安堵感もあった。大相場に乗れた、という気分の高揚もあった。

そこで、私が尊敬していたもう一人の大物相場師のところへ自慢話をしに行った。その時の出来事が、その後の私の人生を変えた。

その人は、絶対名前を出したくないという変わった人だったので、ここでも「ミスターX」ということにしておく。当時三七歳だった私から見て二〇歳くらい年上だったから、五七歳くらいだったろう。無類の酒好きで、はっきり言ってしまうととんでもない酒乱だった。

東京・板橋区大和町のご自宅へ夕方訪うと、大抵すでにできあがっていて大きな声で目を血走らせながら、「浅井か、よく来たな。早く上がれっ」と怒鳴ると、すぐに私に盃を押し付けてきて、「さあ、飲め!!」と駆け付け三盃をさせるという有り様だ。「今日は体調が悪いから一盃だけで勘弁して下さい」などと言おうものなら、その盃が酒ごと私の顔に向かって飛んでくるのだ。

そのくせ、相場勘だけは天才的なものを持っており、天井と大底をピタリと当てるという人物だった。でも、大変不思議なことに自宅は質素で、書斎と酒を飲む部屋はいつも一緒だった。先生の書棚の中身はイヤでも見えてしまう。相場をやる人間なのに、チャートブックや経済の本はまったく置いていないのだ。あるのは難しそうな哲学書や旧約聖書、古典文学などだった。奥さんは小柄な人のよさそうな人で、いつも「こんな飲んだくれでごめんなさいネ」と謝っていた。

その日は不思議なほど上機嫌で、それを見てホッとした私は例の件をしゃべり出した。「Xさん、先生も今回のトレンドは当てていたとは思いますが、私も八月お盆明けからの大反発に現物株で大分儲けましてネ」。浦宏のことは一切言わなかった。「おお、お前も大したもんじゃないか。あの大反発を事前に察知していたか。うーん」と言って次に不思議なことを言い始めた。

「だが、お前は現物株を買ったのか。アッハッハッハッ」と私を馬鹿にしたような言い回しになったのだ。X氏はその後驚くべきことを口にした。「おメェはオプションを知らねえだろう」。「聞いたことはあります」。「馬鹿野郎、聞いたことはありますじゃネェんだよ。実はな、あの五〇〇〇円上昇の三週間でオプションで一〇〇万円を四億にしたヤツがいるんだよ‼」。

「えっ？」私はイスから転げ落ちそうになった。「四〇〇万円の間違いではないですか」。「何を言ってんだよ、お前は。本当に四億円になったんだよ」。

はっきり言って私はそのことが信じられなかった。ソロモンが先物だけでなくオプションも使ったというのはあの時の取材で知ってはいたが、オプションが本当にどんなものか、どのくらいすさまじいものかについては、その時まで何も理解していなかった。

私は、すぐ調査に動いた。日経平均は八月一八日の大底の一万四三〇〇円から三週間で五〇〇〇円も上昇したわけだが、八月一八日に一万七〇〇〇円近辺の九月物コールを買っていれば、五円が三週間で二〇〇〇円になっていたことが判明した。確かに四〇〇倍になっていたのだ。そのコールを一〇〇万円分買っていれば、四億円になった計算になる。

ミスターXの言っていたことは間違いなかった。私は、雷に打たれたような衝撃を受けた。そこから、私のオプション研究の幕が上がることになる。

私を育ててくれた毎日新聞写真部

その翌年の一九九三年秋に、私は徳間書店から『大不況サバイバル読本』というバブル崩壊（＝恐慌）の今後の予測と生き残りのノウハウをまとめた本を発刊した。この本は、それまで私が上梓した本とは比べものにならないほどの空前の大ヒットとなった。発売後三ヵ月で実売で一五万部という、経済書としては大ベストセラーとなった。

しかも、その本の最後に「バブルで損失を出した人がお金を取り返すための経済勉強会」をやりますと書いたところ、予想外の申し込みが殺到し、これなら新聞社を辞めても食べて行けるなと判断し、一九九四年の一月末をもって毎日新聞を退職することになった。

一四年にわたって報道カメラマンとして勤務したが、大変思い出深い時間だった。激務に比べて安月給ではあったが、自由な社風と私を厳しく鍛えてくれた写真部の先輩には大変感謝している。写真部のスタッフには失礼な言い方になるが、私は社員同士の飲み会に誘われてもほとんど行かなかった。行くとすると、社会部や学芸部などの優秀な記者とであった。というのも、同じ写真部員と行くと酔って誰かの悪口や社の安月給への不満を言い合うだけの場となるからだ。翌朝の目覚めは、あまりよい気分ではなかった。それより、情報収集も含め他の部や外部の出版社の編集者と飲みに行く方がずっとタメになった。

でもそうすると、写真部では白い目で見られるようになる。ジレンマではあったが、耐えるしかないと自分に言い聞かせた。将来、大きく羽ばたくためには、視野を広くするしかないと。これが、私の成功の秘訣の一つだと思う。

私は二五歳で毎日新聞に入社したのだが、私が考えていたジャーナリズムとは違うと思い、入社二ヵ月で辞めようと思った。それを、当時毎日新聞関連の農業雑誌『農業富民』の編集にいた先輩に相談したところ、こう言って止められた。「気持ちはわかるが、辞めるなら君の実力が毎日新聞を超えてから辞めろ。

少なくとも四、五年は耐えろ。どんなにイヤなことがあっても」。

その言葉は大きかった。あの時、その先輩がその言葉を言ってくれなかったら、のちの私の大成功はなかっただろう。

最初に配属させられた大阪写真部は大変厳しいところで、まるで戦前の軍隊のようなスパルタ式で先輩への口答えも許されなかった。それまで大学に七年もいて、自由気ままな生活をしていた私にとっては、まさに地獄に叩き込まれたようなものだった。しかも、報道写真の世界というのは厳しい。今と違ってフィルムで撮影し、それを必ず現像しないといけないのだ。

さらに、新聞社には〆切りが夕刊で三つ、朝刊では五つくらいあり、それに追いまくられながら仕事をこなすのだ。一旦大事件が発生すれば、着の身着のままで全世界どこへでも一時間以内に出発しなければならない。

私が東京本社へ戻って間もない三〇歳過ぎのある日、木曽の御岳山で地震と土砂流の大災害があり、そのまま本社を出発して一週間行ったきりだった。その間、睡眠は取れても一日四時間くらいである。

また、一九九一年一月のイラク戦争勃発時には、外信部の依頼で写真部員が即日現地へ行くことになった。当番デスクが「じゃあ、誰に行ってもらおうかな」と周りを見渡した時、全員がカメのように首をすくめてひと言も発しなくなった。一瞬シーンと張りつめた時間が写真部をおおった。ちょうどデスクの真正面に座っていた私も下を向いて無言のままうつむいた。その上をデスクの鋭い視線が通って行った。「じゃあ、悪いが渡部君、君に行ってもらおうか」。「ああ、助かった」――私は思わずそう心の中で叫んでしまった。

そのような経験を一四年積んでから私は独立を果たし、まったく別の分野である経済のトレンドを分析し、今後の予測を人々に伝えるという仕事をするようになった。明治維新以来、何人報道カメラマンが新聞社にいたかは知らないが、私のように経済ジャーナリストに転身して経済の本を書いている人間は、たぶん私一人だろう。その基礎には、新聞社時代の様々な経験があるのだ。

特に報道カメラマンの場合、現場での一瞬の判断ミスは致命傷となる。今、私は数社の会社経営を行なっているが、その時に鍛えた判断能力は本当に役立っている。成功するための二つめの秘訣は、判断・決断能力を鍛えたことだと言えよう。

さらに、自分への投資も重要だ。私の実家は一般のサラリーマン家庭で、有難いことに大学は出してもらったが贅沢など一切できない経済環境だった。高校二年生の頃からビル清掃のアルバイトをして小遣いを貯め、本などを買っていた。大学に入学してからは自宅で学習塾を開き、四〇名くらいの子供たちが通ってきて月三〇万円くらい稼いでいた。自宅に住ませてもらって食費と住居費は親持ちだったが、それ以外の大学の学費、小遣い、通学代はすべて自分で出していた。

さらに、その後入社した毎日新聞も新聞社にしては給料の安い会社で、朝日、読売を一〇〇とすると六〇くらいの年収しかなく、家族四人が食べて行くのがやっとで、貯金などほとんどできなかった。雑誌などにアメリカの核戦争用地下司令部などの写真を売り込んで掲載費をもらってはいたが、取材費や情報収集代にほとんど使ってしまっていたので資産と言えるようなものはなかった。

しかし、その自分への投資があとあと効いてくるのである。

独立してからの二五年間

私が新聞社を辞めようとした時、写真部員から社会部の飲み友達まで、すべての人間が「食べて行けないから止めろ!!」と忠告してきた。しかし、女房一人だけは頑張りなさいと言ってくれた。それは、それまでの私の努力と準備を知っていたからだ。紙面の関係ですべてを書くことは不可能だが、一四年にわたってあらゆる努力と準備、シミュレーションを積み重ねた。

人生をかける以上、失敗をしないようにするためのできる限りの条件を整えた。そして本がベストセラーとなり、会員も集まった。三八歳というまだ体力も気力もある時期に辞めようと、最終的に決断した。

そして結果はどうかというと、翌年、年収が新聞社時代の一五倍になった。ひと言でいうと、私はバブル崩壊という逆風を逆手に取って、むしろ追い風として、努力とシミュレーションによって成功の確率を高めて飛躍した、と言うことができるだろう。

しかも最初は単なる本の執筆者だったが、自らの出版社も持ち、世界初の海外のヘッジファンドの情報を会員制で発信するというクラブを大成功させた。私は、それまで誰もやったことのないことを成功させることの重要性と難しさをここで強調したいが、苦労も多い分、それがうまく行った時の喜びと報酬も大きい。大抵の場合、画期的なものというのは最初一般人には理解されないものであり、逆に言うと誰もが賛成し理解できるものをやっても妙味はないということなのだ。

その私が最近始めたのが、「オプション研究会」という投資勉強会である。日経平均オプションという大阪取引所に上場されたデリバティブのやり方とタイミングを教える会員制クラブである。株価が大変動する（特に暴落がよい）と元金が短期間で数十倍から数百倍になるというもので、やり方さえ間違えなければリスクは限定される。つまり、元金がゼロになるだけで先物、ＦＸ、信用取引のように「追証」が発生しない。

高い会費にも関わらず、第一回目募集の一〇〇名はすぐ一杯となってしまった。今、第二次募集中で、あと六〇名で定員となる。うちの社員の誰一人、これほどの会員があっという間に集まるとは思っていなかったようだが、これは私の二六年間の経験と蓄積がものを言っているので、そう簡単に真似できるものではない。

そろそろ本章のまとめに入ることにしよう。

バブル崩壊からすでに二八年以上が経つが、この壮大なトレンドの中で多くの人が財産を失い、大変な目に遭う中で、私は逆にそのトレンドを大チャンスに変えた。そして、本の印税、会社の社長としての俸収、さらにさまざまな投資活動によって二八年間で資産を大きく殖やしたのだ。ぜひ、皆様も努力と知恵によって今後やってくる大変動期を、大チャンスへと変えていただきたい。

第七章　あなたはオプションという最終兵器を見たことがありますか!?

この世で一番難しいのは新しい考えを受け入れることではなく、
古い考えを忘れることだ。

（ケインズ）

誰も知らない「日経平均オプション」

〝今まで経験したことがないような大暴落が起きる！〟

その時、投資家は何をすべきか。まずは生き残るすべを考えるべきである。円や米ドルのキャッシュを持ったり、実物資産の金《きん》やダイヤを持ったりするのがその方法である。銀行も完全には信用してはいけないが、それでもすべての資産を銀行から出したあとで強盗にでも入られたら大変だから、まだましな銀行とお付き合いをするなどを考えるべきだ。

その時は当然だが、日本に限らず海外の銀行を含めて安全そうな銀行を探す必要がある。海外のファンドを使って、分散効果で資産を減らさない努力をするのもよい。この一連の動きについては第五章で詳しく解説しているので、忘れてしまった方は読み直して欲しい。

そしてもう少し余裕がある人は、次のステップを考えて欲しい。それは〝いかにしてこの大暴落を使って大儲けできるか〟ということだ。今度は守りの姿勢ではなく、積極的な攻めの姿勢である。一生に一度あるかないかの市場の変動が起きそうなのだから、発想を変えてこのせっかくのチャンスを存分に活かすことを考えるのだ。

リーマン・ショックの時、ほとんどの投資家が資産を失う中で一部の投資家はそれをチャンスに変えて莫大な富を築きあげた。今度も上手くすればそれと同等、またはそれ以上の富を築くチャンスが転がっているのである。

ただ、ここで大切なポイントは、いかに損失を限定した上でそれを実行できるかということである。大暴落にかけての丁半博打では困る。「当たれば大富豪で、外れたら路頭に迷う」のであれば、その方法は絶対にやってはいけない。目指すべきは、「当たれば大富豪で、外れても損失を限定できる方法」である。

実は、打って付けの方法がある。それこそが「日経平均オプション」なのである。私が「日経平均オプション」に出会ったのは、今から二五年以上も前になる。「日経平均オプション」が日本に誕生したのは一九八九年六月だから、それから数年後に私は知ったことになる。「日経平均オプション」は、登場してから今年でちょうど三〇年になるので、これだけの年数が経っていれば、知っている人は多数いるはずである。少なくとも、何十年も株式市場で売った買ったをやってきた投資家であれば、当然知っているべき取引であるはずだ。

私はそう思っていた。しかし、事実は異なった。

一生に一度経験するかどうかの大相場を前に、最近レポートやセミナーなど至るところでこの「日経平均オプション」について解説しながら、一つ気付いたことがある。それは、ほとんどの人がこの「日経平均オプション」またはオプション取引について知らないのである。

この章のタイトルの「あなたはオプションという最終兵器を見たことがありますか!?」というプラカードを作って札幌、仙台、東京と日本の一〇〇万人都市を北から順に巡ったとして、果たしてどのくらいの人が「はい、私は知っています、やったことがあります」という反応をしてくれるだろうか。おそらく、一割にも満たないだろう。もちろん田舎であれば、推して知るべしだ。

実は、ほとんどの人がオプション取引を知らないのである。これは、驚愕の事実である。のちほどじっくりとオプション取引の魅力を解説するが、なぜかこれほど魅力的な取引がしっかりと伝わっていないのである。

オプション取引は、マグロの大トロ？

オプション取引が知られていない理由を毎度の〝日本は金融の後進国だから〟とひと言で片づけるのは簡単だが、もう少しこの謎を深く見てみよう。

先ほどの「日経平均オプション」は、大阪取引所で取引されている。日本経済新聞には、その価格の動きが毎日のように掲載されている。誰もが普通に情報を入手できる。実際に投資する場合には、日本の証券会社にアクセスすることで取引ができる。取引としては数千円からの取引も可能だから、一見すると敷居はかなり低そうに見える。ところが、実際はそうではない。

まず、オプション取引に一番近い存在である証券会社の社員は、オプション取引を行なうことが禁止されている。一九七三年七月に設立された組織に、全国の証券会社を構成員とする社団法人「日本証券業協会」がある。この組織の「協会員の従業員に関する規則」第7条で、次の通り明確に禁止されているのである。

協会員は、その従業員が金商法及び関係法令において金融商品取引業者の使用人の禁止行為として規定されている行為（登録金融機関の使用人に準用されているものを含む。）のほか、次の各号に掲げる行為を行うことのないようにしなければならない。

1～3（略）

4　いかなる名義を用いているかを問わず、自己の計算において信用取引、有価証券関連デリバティブ取引又は特定店頭デリバティブ取引（当該信用取引、有価証券関連デリバティブ取引又は特定店頭デリバティブ取引の清算のために行われる反対売買並びに現引き及び現渡しを除く。）を行うこと。

（社団法人日本証券業協会）

オプション取引は、デリバティブ取引の一種であるから、証券会社の社員は取引できない。自分が取引できないものを詳しく学ぶ意欲は薄れるだろう。それでも仕事の中で使うのであればイヤでも覚えるだろうが、そうでもない。なぜなら、オプション取引を積極的に進める証券会社はほぼ存在しないのだ。

複雑な金融商品なので、顧客にオプション取引を勧める場合にはリスク説明をしっかり行なう必要がある。それでいて、証券会社に入る手数料はわずかな金額である。証券会社としては投資信託を売った方がよっぽど儲かるし、株式のようなシンプルな金融商品の方がリスク説明が少なくてすむ。

こういった理由で、オプション取引が証券会社によって紹介されないから、一般の投資家が知るすべがほとんどないのである。せっかく優れた道具があるのに誰も知らずに埋もれているわけで、もったいない話である。

今や、お寿司の高級食材として君臨するマグロの大トロも、江戸時代は捨てられていた部位だそうだ。鮮度を保つ技術がなく、脂身である「トロ」の部分は傷みが早く食べられなかったためだ。戦後になって鮮度を保つ方法ができ、食文化の変化と共に一転して大トロが高級食材になったのである。

このように見ると、オプション取引はマグロの大トロが歩んだ道を踏襲するのかもしれない。今は誰からも注目されていない取引方法であるが、投資家がその有用性を認識することで一転、運用の主役に躍り出るかもしれないのだ。

オプション取引は怖い？　怖くない？

これだけ無名に近いオプション取引ではあるが、周りを探せば聞きかじったことがあるという方が出てくるかもしれない。ただ、そういう方から生半可な知識を得ることはお勧めしない。中途半端な情報だと、オプション取引の正体を見誤り、勝手なイメージを作り上げてしまう危険性がある。

それは、伝聞だけで〝ゾウ〟を描こうとした中世の絵描きに似ている。ゾウは言わずと知れた陸上最大の動物で、大人のゾウとなるとどんな動物よりも強い。百獣の王ライオンも、一対一で戦えばゾウの圧勝である。その強さと大きさから、古代では〝戦象〟という兵器として利用されたぐらいである。

そのようなゾウは、アフリカやインドでは有名であったが、中世ヨーロッパではほとんどの人が見たこともない動物であった。ゾウを伝聞で描いた絵が数多く残されているが、見るとひどいものだ。戦象という言葉から描いたのか、鋭い目を持ち、するどい牙がことの外強調されて描かれていたりする。大きさもゾウの背中に塔が立てられ、その上に警備兵が幾人も乗っている絵が描かれていたりする。このようなことはゾウだけでなく、キリンやクジラ、ライオンなど他の動物でも同じようにヘンテコな絵が残っている。

情報が不足すると、正確に伝わることが困難になることがよくわかるだろう。おかしなゾウを描いた人は、生涯ゾウを見る機会はなかっただろうが、もしゾウが優しい目をしながらゆったり草を食んでいる姿を見たら、びっくりしただろう。怪獣のように描いたゾウの印象は、おそらく消し飛んだことだろう。

オプション取引も同じである。オプション取引は、やり方によっては、思わぬ損失を出すこともある。わずか数十万円で億の資産を築くことができる代わりに、わずか数十万円を得ようとしたために億の資産を失うことも有り得る。しかも、厄介なことに億単位の資産を持っていない方がそのような状態に陥る可能性もあるのだ。

これだけ聞くと「そんな危ないものはやっていられない」とオプション取引を毛嫌いしてしまうかもしれないが、そういう方はオプション取引について勝手なイメージを作り上げてしまっている。ゾウを化け物のように描く中世ヨーロッパの画家と、何ら変わらない。

確かにゾウは、暴れ出したら止まらない凶暴な一面もある。しかし、普段はおとなしい草食動物で、飼い慣らせば人間に従順な仲間になり得る。オプション取引も同じで、一面では思わぬ損失を負ってしまう危険な部分がある。しかし、きちんとやれば損失を限定し、それでいて現物などとは比べられないほど高い投資効果が得られるのである。

やり方さえ間違えなければかなり魅力的な方法なので、ぜひマスターして欲しい。その上で、使うのか使わないのかを判断すればよいのである。〃喰わず嫌い〃はやめた方がよい。

オプションの本質とそのすごみ

オプション取引は、今までの現物取引や先物取引とはまったく異なる。この点がオプション取引を理解する上で最大のポイントになる。オプション取引を、現物取引や先物取引の延長線上で考えてはいけない。そのように考えると、いつまで経ってもオプション取引を理解することはできない。まったく概念が異なるためだ。

まず、現物取引は、上昇相場に対応する取引である。上がりそうだと思う相場があれば、その現物を買う。そして、見事上がれば買ったものを売って取引を終了し、プラスを確定させる。逆に下がってしまえば、その分が損失になる。

次に先物は、上昇相場だけでなく下げ相場にも対応できる。

二つの方向ができただけで、考え方は現物と同じだ。相場が上がると思えば「買い」を行ない、下がると思えば「売り」を行なう。相場が予想した方向と同じに動けば、プラスが出て、逆に動けばマイナスが出る。つまり、現物取引と先物取引は相場の方向性に賭ける取引であることがご理解いただけるだろう。

では、オプション取引はと言えば、一見すると現物取引や先物取引と同じように相場の方向性に賭ける取引に見える。オプション取引では、「コール」と「プット」と呼ばれるものの売買を行なう。コールは「買う権利」で、プットは「売る権利」である。だから、相場が上がりそうだと思えば、コールの「買い」を行ない、相場が下がると思えば「プット」の「買い」を行なう。ここは間違いやすい点でもあるので少し解説を挟むと、相場が下がると思った時に行なうのは、「売る権利」であるプットの「買い」である。先物取引などで下がる方は「売り」と考えていた方も、オプション取引では異なるので注意しよう。

さて、ここからが問題である。相場が動いた時、どのように損益が出るのか。

相場が予想された方向と同じように大きく動けば、先ほどの現物取引や先物取引と同じようにプラスが出る。コールの「買い」を行なった場合、相場が大きく上昇すればプラス収益が出て、プットの「買い」を行なった場合、相場が大きく下落すれば、やはり収益を出すだろう。

ところが相場が少ししか上昇または下落しなかった場合、いくら予想した方向と同じように動いても収益が出るとは限らないのである。ここに、オプション取引の本質がある。実はオプション取引は、単に相場の方向性に賭けることではない。本質は「相場のブレ幅を取引すること」である。だから、相場があらかじめ予想したブレ幅に近い動きをすれば収益を得られる代わりに、異なるブレ幅になると損失が出るのである。これまでの概念と異なるものだから、飲み込みにくく複雑怪奇に映る。

オプション取引には、四つの取引方法がある。それは、①コールの「買い」と②コールの「売り」、そして③プットの「買い」と④プットの「売り」である。では、この四つの取引方法を行なうことで、どのような相場で収益を出すこと

現物取引、先物取引、オプション取引の違い

	取引方法	期待可能な収益機会	取引の本質
現物	買い	上昇相場に対応	方向性の取引
先物	買い	上昇相場・下落相場に対応	方向性の取引
	売り		
オプション	①コールの「買い」	あらゆる相場に対応（上昇相場・下落相場・動きがない相場に対応）	ブレ幅の取引
	②コールの「売り」		
	③プットの「買い」		
	④プットの「売り」		

ができるのか。

すでに解説した通り、現物取引は上昇相場に対応している。先物取引は、上昇相場と下落相場に対応している。では、オプション取引はどうか。四つの取引を駆使することで、なんとあらゆる相場に対応することができるのである。上昇相場も下落相場も、動きがない相場でも収益機会とすることができる、まさにオールラウンダーなのである。オプション取引が秘める可能性は実に高く、なんとも奥深いものである。

ただ、実際に四つの取引方法を駆使してすべての相場環境でプラスを出そうとオプション取引をするのであれば、相当な経験を積まなければならない。そして、それができればすでにプロ投資家の領域である。取引を行なうためのコンピュータに莫大なコストをかけて、一流のヘッジファンドとしのぎを削りながら利益を出す。

そんなことを皆様にお勧めするのではない。先に種明かしをしておくと、私が推奨するオプション取引のやり方は、いたってシンプルである。ここぞという時に「買い」のみを行なうのである。そして、損失が無限に膨らむ可能性を持つ「売り」は、絶対にしないのだ。

オプションの「売り」をしてはいけない！

オプション取引は「買い」を行なっている分には、損失が限定される。「売り」を行なうと損失は限定されず、下手をすると身の丈を超えたマイナスを背負わされる可能性がある。

ただし、基本的にオプション取引の勝率は、「買い」よりも「売り」の方が高い。特に、普段のあまり動きがない相場では、「売り」の圧勝となる。だから、オプション取引を生業とする人は、通常「買い」だけということは考えられない。オプション取引を始めたばかりの方も、慣れてくると「売り」を行ないたくなってくる。それほどオプション取引の「売り」というのは、普段なら儲かる取引で、魅力的なのである。

それでも、「売り」をしてはいけない。普段はコツコツと儲かる代わりに、相場が激変すると思わぬ損失を出してしまう。それまでのプラス分どころか、たった一回の失敗で全財産を失って、市場から退場させられることがあるのだ。その点、オプションの「買い」を行なっている分には、最大の損失は「買い」を行なった時に払う金額に限定されるので安心である。

そんなオプション取引の「買い」であるが、先ほどからの説明の通り、勝率はかなり悪い。だから、普段は取引すべきものではない。ところが、相場が大きく動く局面では、驚くほどの倍率で増える。オプション取引の「買い」は、〝伝家の宝刀〟なのである。普段は使わずに家宝として大事に飾っておき、ここ一番という時に抜き放つのである。この、〝ここ一番〟のタイミングがまさに迫っている。

私は、二〇一九年夏〜二〇二〇年春のどこかで世界中のバブルが崩壊して、世界恐慌に近い状態にまでなると考えている。今と様相はまったく変わり、どこそこの銀行が潰れたというニュースが、連日連夜報道される世界がくると考えている。そのような大パニックの相場でこそ、オプション取引の「買い」はすさまじい威力を発揮するだろう。その時こそ、伝家の宝刀を抜くべきである。

本来オプション取引は、相場が存在すればものは何でも成り立つ。しかし具体的に日本でオプション取引を行なう場合、その選択肢は限られる。ある程度の流動性があるものは、「日経平均オプション」ぐらいだから必然的にこれを使うことになる。

オプション取引には、取引の期限が満了する「ＳＱ日」が決められている。この日にオプションのコール、またはプットの価格が差金決済される。その清算される価格を「ＳＱ」（Special Quotation: 特別清算指数）と呼ぶ。

「日経平均オプション」では、ＳＱ日は毎月第二金曜日に設定され、先物取引の清算日と同じＳＱ日である三、六、九、一二月を「メジャーＳＱ」、それ以外の一月、二月、四月、五月、七月、八月、一〇月、一一月を「マイナーＳＱ」とそれぞれ呼ぶ。つい数年前から「Weekly オプション」と呼ばれる、文字通り毎週金曜日がＳＱ日のオプションが登場したが、取引高を見るとまだ活用できるほどでなく、月ごとの方が活況である。

「日経平均オプション」の取引を行なう際、理論上では最大八年先の取引ができるようになっているが、実際にはそのような取引はほぼ成立しない。それどころか、わずか数ヵ月先の取引もほとんどされておらず、通常は直近一ヵ月分、多く見積もってもせいぜい二ヵ月分までである。

だから、二〇一九年夏～二〇二〇年春に市場が激変すると予想して、この取引を今から仕込んでおくことはできない。二〇一九年夏～二〇二〇年春になってから、暴落が起きそうになって、または起き始めてから取引を行なうのである。その時狙うべきは、大暴落に対応するプットオプションの「買い」である。

ブラックスワンと戦え！

かつてイギリスでは、無駄な努力を行なうことを表すことわざに「ブラックスワン（黒い白鳥）を探すようなもの」というものがあったそうだ。ブラック

2019年のSQ日

1月	11日（金）
2月	8日（金）
3月	8日（金）
4月	12日（金）
5月	10日（金）
6月	14日（金）
7月	12日（金）
8月	9日（金）
9月	13日（金）
10月	11日（金）
11月	8日（金）
12月	13日（金）

※金曜日が祝日の場合には前営業日

スワンは、架空の想像上のものと捉えられていたのである、しかし一七世紀末に、いないと思われていたブラックスワンが地球の反対側であるオーストラリア大陸で見つかり、大層驚いたという。このような、本来起きないようなことが起きた時の現象を「ブラックスワン」と呼ぶことがある。

金融の世界でこの「ブラックスワン」が表れたのは、二〇〇八年の金融危機の時である。そして金融の世界で「ブラックスワン」と言えば、それは〝滅多には起こらないものの、起きると壊滅的なダメージを与える現象〟を指す。

〝起こるはずがない〟という思い込みは、どこから出てくるのだろうか。それは、人の慢心に起因することが多い。特にバブルが発生している時は、みんながそれに浮かれていて気付いていない。あとでバブルが弾けてみんなが口々に〝あんな風になるとは思わなかった〟というわけだ。このような状態で暴落が起きると、相場はとんでもないところまで下がったりする。下がるはずがない（と思っている）ものが下がるのだから、その時は売りが売りを呼ぶパニックである。そんな時に「ブラックスワン」が首をもたげてひょっこり姿を現す。

おそらく今度の二〇一九年夏～二〇二〇年春に出てくる「ブラックスワン」は、相当大きいはずだ。ゴジラは元々五〇メートルほどだったが、年々大きくなり最近では一二〇メートル近くあるそうだが、「ブラックスワン」はそんな程度ではない。日本列島だけではなく、世界規模で影響が出るわけだから、比べものにならないくらいはるかに大きいはずだ。もし、「ブラックスワン」に姿かたちがあれば、世界中の至るところから見える超巨大モンスターである。

そんな大災害が発生した時、慌てて逃げようとしてもすでに手遅れである。対応策は二つで、あらかじめ核攻撃でもダメージを受けない強度の地下シェルターでも作っておいてそこに引きこもるか、果敢に戦うか、である。

もちろん果敢に戦う場合、こんなにとてつもなく巨大な怪獣だから普通の武器では太刀打ちできない。よほどの威力を持つ兵器を使う必要がある。そこで登場するのが、オプション取引の「買い」という最終兵器なのである。

では、そこまでオプション取引は強力な兵器になり得るのか。実際にあった大相場で確認してみよう。たとえば、一九九二年八月から起きた大反転後のすさまじい暴騰の局面である。

バブル崩壊後、日経平均は断続的に暴落を繰り返したが、一九九二年はさらに追い打ちをかけるような大暴落が起きていた。時の宮澤内閣は、日経平均一万五〇〇〇円の節目割れを目前に前代未聞の株式への公的資金注入を行ない、八月一八日に一万四三〇九円を付けていた日経平均はわずか三週間後の九月一〇日に一万八九〇八円まで上昇したのである。この差、なんと約五〇〇〇円。この時、ある「日経平均オプション」の「コール」は最低価格の五円からたった三週間で二〇〇〇円まで跳ね上がったという。実に四〇〇倍の上昇率である。

今度は暴落の例で、二〇〇八年の金融危機を取り上げよう。二〇〇八年の金融危機は、実際には二〇〇七年夏からその兆候が表れたが、本当にひどかったのはリーマン・ショックの直後の九月後半から一〇月にかけてである。この時、二〇〇八年一〇月一〇日にSQを迎える九二五〇円の「日経平均オプション」の「プット」は九月上旬に一円で購入できたが、それをSQ日まで持っていれば一二五七円にもなった。なんと、一二五七倍である。「日経平均オプション」

それぞれの「日経平均オプション」の倍率

	日数	倍率
1992年 8月	3週間	400倍
2008年 9月・10月	約1ヵ月	1257倍
2018年 2月	3日	100倍
2018年 10月	1日	30倍

は一〇〇〇倍が一枚と単位が決まっているので、一〇〇〇円で購入したものが一二五万円になったのである。

実は、最近でも二〇一八年二月と一〇月は突然日経平均が大きく下がった時があったが、この時も「日経平均オプション」のプットは跳ね上がった。二月は三日間で一〇〇倍に、一〇月はわずか一日で三〇倍以上になったものが出た。

オプション取引の強力な威力を目の当たりにしていただけたことだろう。しかも、オプション取引の「買い」は暴落が大きければ大きいほど、その威力が高まるのである。なんとも頼もしい限りだ。

今度の二〇一九年夏以降に起きる暴落は二〇〇八年を上回るだろうから、「日経平均オプション」のプットの中には二〇〇〇倍、五〇〇〇倍にまで動くものも出てくるかもしれない。このように見ると、目の間に空前絶後の大チャンスが転がっているのがわかるだろう。

オプション取引は、ヘッジにも良い

これまでの説明の通り、「日経平均オプション」は効率よく大きな収益を出すことに適した特徴を持っている。ただ、大儲けする以外にもオプション取引の使い方はある。

それは、今持っている資産のリスクヘッジをすることだ。少額のオプション料を払い、相場が思った通り大きく動けば大きな倍率で返ってくる。相場が動かなければ払った少額のオプション料は価値を失い、なくなってしまう。何かに仕組みが似ていないだろうか。そう、掛け捨ての保険に似ているのである。

たとえば今保有している資産の大部分が株式になっていたとする。そして、塩漬け状態になっていたり、自社株だったりと売るに売れない事情があった場合、大暴落に備えるためには、その分「日経平均オプション」のプットを購入しておけばよいのである。今の株価が半分になると、一〇〇〇万円の損失が出そうであれば、「日経平均オプション」のプットで一〇〇〇万円分の損を補う形に組んでおけばよいのである。

これは、不動産にも同じことが言える。株式が崩れると、不動産にも悪影響が考えられるし、今回の世界を見渡すと至るところで不動産バブルが発生しているわけで、それをヘッジする方法としてオプション取引を利用するのである。「日経平均オプション」の「買い」戦略は、市場が大きく動いた時に力を発揮するわけだから、世界大恐慌でも日本の国家破産でも、どんなパニック相場でも力を発揮することが期待できる。覚えておいて決して損はない取引である。

最後に、この章ではオプション取引の魅力を伝えるために、難しい専門用語やオプション取引を行なう上で最低限知っておくべき知識もかなり省略している。だから、いざ始めようとしてもこれだけでは圧倒的に必要な知識が不足している。また、「日経平均オプション」の取引を、日本の証券会社で行なう場合、インターネットを使うのが当たり前なので、この点も要注意だ。

基本的にはよほどご高齢の方でなければ取引は問題なくできるだろうが、それでもあまりインターネットを使い慣れていない方の場合には、それだけでハードルは高く感じられるだろう。そのような場合には、「日経平均オプション」の取引を行なう上で必要な知識をお伝えし、手取り足取りサポートする会員制の研究会「オプション研究会」（詳しくは巻末二六五ページを参照）を立ち上げているので、ご興味をお持ちの方はぜひ入会をご検討いただきたい。会費はそれなりにいただくが、資産が何十倍にもなるチャンスを得られ、どのようなパニック相場が起きても心配しなくてよくなると思えば、ご一考の価値はあるだろう。

どんな世界でも自己流でできるほど甘くはない。きちんとしたサポート体制の上で「日経平均オプション」を活用し、これから起きる前代未聞のピンチを大チャンスに変えて欲しい。

エピローグ

地球を動かしているのは、思想ではなく経済だ。

（坂本龍馬）

これからやってくる事態を、甘く見てはいけない

本書ははっきり言って、皆さんが一〇年後に生き残って、豊かで確かな人生を送れることを目的として書かれた。

ただし、ここで読者に警告しておく。これからやってくる事態は、それほど生やさしいものではなく、言語に絶するほどの規模と内容のものとなるだろう。とりわけ国家破産の破壊力というものは、経験した人でなければわからないほどすさまじいものであり、この三十数年の間に世界最強の国家であったソ連をなぎ倒し、世界一の原油埋蔵量を誇る南米ベネズエラを地獄に叩き落とし、かつて世界一の金持ち国家であったアルゼンチンを、二度の預金封鎖にまで追い込んだ。

恐慌と国家破産は、本書で見てきたように、国民の幸せな生活を一瞬にして奪い、想像もしなかったような過酷な生活を人々に強いるのだ。しかも、この

経済現象の帰結として大規模な戦争も起きるのだ。

二〇一九年後半から二〇二〇年は、株、不動産の暴落から恐慌が始まり、世界のどこかで大きな戦争も起きるだろう。そしてその五年後には、次のまったく逆のトレンドである国家破産がハイパーインフレという獰猛なキバをむいて私たちに襲いかかってくる。

早く手を打て、備えよ、情報を必死に集めろ‼ 正しい手を打った者の頭上にのみ、将来幸運の女神は優しく微笑むことだろう。読者の幸運を心より祈る。

二〇一九年一月吉日

浅井　隆

■今後、第二海援隊出版部では『国家破産　ベネズエラ突撃取材――1000万％のハイパーインフレ』、『株価大崩壊』（すべて仮題）を順次出版予定です。ご期待下さい。

浅井隆からの重要なお知らせ

——恐慌を勝ち残るための具体的ノウハウ

「オプション研究会」好評始動中!!

リーマン・ショックから一〇年。市場はすさまじい恐慌相場による教訓を忘れ、一部では溢れかえる金融緩和マネーの流入によってバブル経済を引き起こしつつあります。世界経済は次なる暴落局面に向けて着々とエネルギーを蓄えているかのようです。しかし、こうした相場大変動の局面は「オプション投資」にとっては千載一遇の大チャンスにもなり得ます。

このチャンスをしっかりとモノにできれば、サラリーマンは資産家に、そして小金持ちは大富豪になることすら夢ではありません。ただ、この好機をつかむためには、オプション取引の基本を理解し、暴落相場における収益シミュレーションを入念に行なって、いざコトが始まった時にすぐさま対応できるよう準備を整えることが何より重要です。またこうした準備は、なるべく早いうちに行なうことが成功のカギとなります。

そこで今回、浅井隆自らがオプション投資の魅力と活用のコツ、そしてそれを実践するための基本から、暴落時の投資シナリオに至るまでの必要な知識と実践法を伝授し、そしてイザ大変動が到来した際は、投資タイミングに関する情報も発信する新たな会員制クラブ「オプション研究会」を一〇月一日に発足しました。募集早々からお問い合わせが殺到し、すでに第一次募集の定員一〇〇名については満員となりました。現在追加募集を行なっておりますが、情報の性質やオプション市場の規模などを考慮して、二二〇名限定にて完全に募集を締め切り、その後はウエイティングリストに編入とさせていただく予定です。

ここで「オプション取引」についてご存じない方のために、ごく簡単にその魅力の一端をご紹介します。

まず、投資対象は大阪取引所に上場されている「日経平均オプション」という金融商品で、ある将来時点での日経平均株価を、あらかじめ決まった価格で「買う」または「売る」ことのできる権利を売買する取引になります。投資に少し明るい方や投資本などからは「リスクが高く難しいプロ向けの投資法」という指摘がありますが、これは「オプション取引」の一側面を説明しているに過ぎません。実は基本的な仕組みとリスクの高いポイントを正しく理解すれば、リスクを限定しつつ、少額から投資して資金を数十～数百倍にもすることが可能となる、極めて魅力的な投資法となるのです。

オプション取引の主なポイントは以下の通りです。

①取引を権利の「買い建て」に限定すれば、損失は投資した額に限定され、追証が発生しない（つまり損失は限定）

②数千もの銘柄がある株式投資と異なり、日経平均の「買う権利」（コール）を買うか「売る権利」（プット）を買うかなので、ある意味単純明快

③日本の株価がいつ大きく動くのか、タイミングを当てることが成否の最大

オプションとは

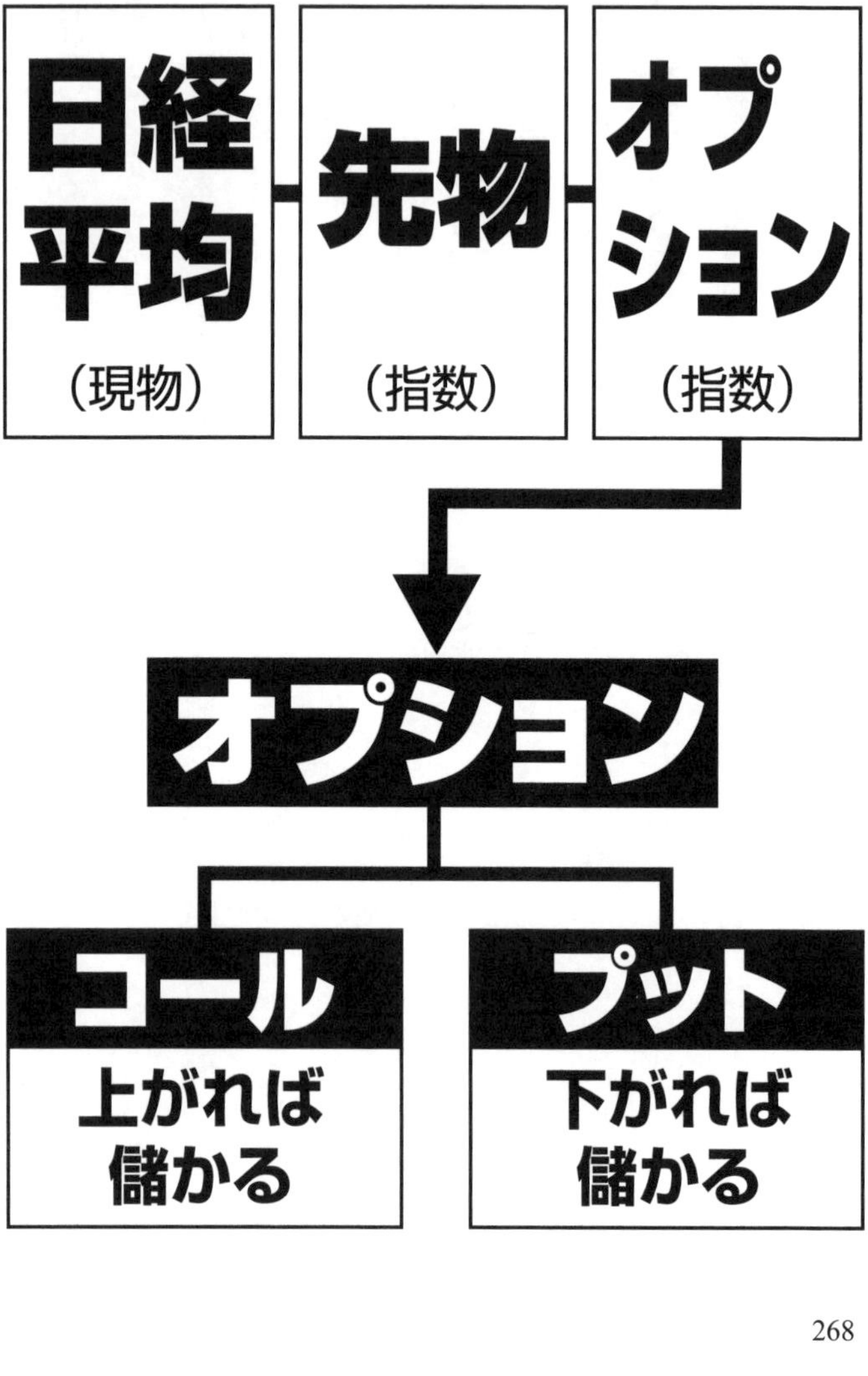
日経平均
（現物）
先物
（指数）
オプション
（指数）
オプション
コール
上がれば儲かる
プット
下がれば儲かる

のポイント

④給与や年金とは分離して課税される（税率二〇％）

⑤二〇一九年後半～二〇二〇年、株式相場は大荒れが予想されるのでオプションは人生最大のチャンスになる！

「オプション研究会」では、オプション投資はおろか株式投資の経験もないという方でも、チャンス到来の時にはしっかりと取引を行なって収益機会を活用できることを目指し、懇切丁寧に指導いたします。もちろん、オプション取引は「誰でも簡単に投資し、利益を得られる」というものではありませんが、「一生に一度」にもなるかもしれない好機をぜひ活かしたいという意欲があれば、必ずやこのクラブを通じてオプション投資の基本を習得し、そして実践できるだけの力を身に付けていただけると自負いたします。また、大きな収益期待があるる投資方法は、それに伴うリスクにも十分に注意が必要となりますが、その点についてもクラブにて手厚く指導いたしますのでご安心下さい。

ご関心がおありの方は、ぜひこのチャンスを逃さずにお問い合わせ下さい。

「オプション研究会」無料説明会を追加開催します！

去る一二月一五日、「オプション研究会」をより詳しく知るための無料説明会を開催いたしましたが、定員を大幅に上回るお申し込みが殺到したため、早々に受付を打ち切らせていただくこととなりました。

つきましては、急きょ無料説明会を追加開催することといたしました。なお、会場の都合上定員は一〇〇名となります。すでに多くの方からお申込みをいただいており、早々に定員に達してしまう可能性がありますので、ぜひお早めにお申し込み下さい。

開催日時：二〇一九年三月二日（土）　一三：〇〇～一六：〇〇
会場：㈱第二海援隊 隣接セミナールーム
受講料：無料　　定員：一〇〇名

「オプション研究会」および「無料説明会」に関する詳しいお問い合わせは

「㈱日本インベストメント・リサーチ」まで。

ＴＥＬ：〇三（三二九一）七二九一　ＦＡＸ：〇三（三二九一）七二九二

Ｅメール：info@nihoninvest.co.jp

浅井隆が詳説！「オプション研究会」無料説明会ＤＶＤ

オプションに重大な関心を寄せているものの、追加の無料説明会にはご参加が難しい方のために、浅井隆自らがオプション投資の魅力と活用のコツ、そしてそれを実践するための専門的な助言クラブである「オプション研究会」の内容を詳しく解説した無料説明会ＤＶＤを頒布いたします（内容は一二月一五日の無料説明会を収録したものです）。「書籍を読んだけど、今少し理解を深めたい」「浅井隆からのメッセージを直接聞いてみたい」という方は、ぜひこの機会にご入手下さい。なお、音声のみをご希望の方にはＣＤの頒布もございます。

「オプション研究会　無料説明会　受講ＤＶＤ／ＣＤ」

（収録時間：ＤＶＤ・ＣＤとも約一四〇分を予定）

価格：特別ＤＶＤ……三〇〇〇円（実費　送料込）

　　　　ＣＤ……二〇〇〇円（実費　送料込）

※　ＤＶＤ・ＣＤとも、お申込み確認後約一〇日でお届けいたします。

「オプション研究会　無料説明会　受講ＤＶＤ」に関するお問い合わせは、

「㈱日本インベストメント・リサーチ　オプション研究会　担当」まで。

ＴＥＬ：〇三（三二九一）七二九一　ＦＡＸ：〇三（三二九一）七二九二

Ｅメール：info@nihoninvest.co.jp

厳しい時代を賢く生き残るために必要な情報収集手段

日本国政府の借金は先進国中最悪で、ＧＤＰ比二四〇％に達し、太平洋戦争終戦時を超えて、いつ破産してもおかしくない状況です。国家破産へのタイムリミットが刻一刻と迫りつつある中、ご自身のまたご家族の老後を守るためには二つの情報収集が欠かせません。

一つは「国内外の経済情勢」に関する情報収集、もう一つは「海外ファンド」や「海外の銀行口座」に関する情報収集です。これについては新聞やテレビなどのメディアやインターネットでの情報収集だけでは絶対に不十分です。私はかつて新聞社に勤務し、以前はテレビに出演をしたこともありますが、その経験から言えることは「新聞は参考情報。テレビはあくまでショー（エンターテインメント）」だということです。インターネットも含め誰もが簡単に入手できる情報で、これからの激動の時代を生き残って行くことはできません。

皆様にとってもっとも大切なこの二つの情報収集には、第二海援隊グループ（代表　浅井隆）で提供する特殊な情報と具体的なノウハウをぜひご活用下さい。

〝恐慌および国家破産対策〟の入口「経済トレンドレポート」

皆様に特にお勧めしたいのが、浅井隆が取材した特殊な情報や、浅井が信頼する人脈から得た秀逸な情報をいち早くお届けする「経済トレンドレポート」

です。今まで数多くの経済予測を的中させてきました。

そうした特別な経済情報を年三三回（一〇日に一回）発行のレポートでお届けします。初心者や経済情報に慣れていない方にも読みやすいレポートで、新聞やインターネットに先立つ情報や、大手マスコミとは異なる切り口からまとめた情報を掲載しています。

さらにその中で恐慌、国家破産に関する『特別緊急警告』も流しております。「激動の二一世紀を生き残るために対策をしなければならないことは理解したが、何から手を付ければよいかわからない」「経済情報をタイムリーに得たいが、難しい内容には付いて行けない」という方は、まずこの経済トレンドレポートをご購読下さい。経済トレンドレポートの会員になられますと、講演会など様々な割引・特典を受けられます。

詳しいお問い合わせ先は、㈱第二海援隊まで。

ＴＥＬ：〇三（三二九一）六一〇六　ＦＡＸ：〇三（三二九一）六九〇〇
Ｅメール：info@dainikaientai.co.jp

ホームページアドレス：http://www.dainikaientai.co.jp/

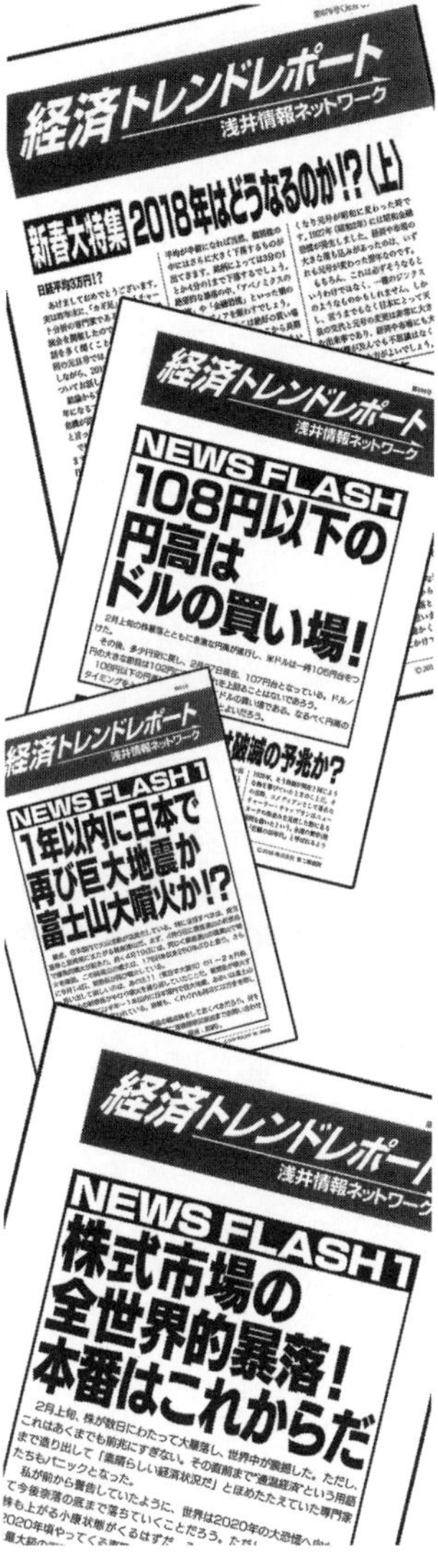

浅井隆のナマの声が聞ける講演会

著者・浅井隆の講演会を開催いたします。二〇一九年は福岡・四月一九日（金）、名古屋・四月二六日（金）、東京・五月一〇日（金）、広島・五月一七日（金）、大阪・五月二四日（金）、札幌・六月七日（金）を予定しております。国家破産の全貌をお伝えすると共に、生き残るための具体的な対策を詳しく、わかりやすく解説いたします。

いずれも、活字では伝わることのない肉声による貴重な情報にご期待下さい。
詳しいお問い合わせ先は、㈱第二海援隊まで。
ＴＥＬ：〇三（三二九一）六一〇六　　ＦＡＸ：〇三（三二九一）六九〇〇
Ｅメール：info@dainikaientai.co.jp
ホームページアドレス：http://www.dainikaientai.co.jp/

〈参考文献〉

【新聞・通信社】

『日本経済新聞』『毎日新聞』『朝日新聞』『日経金融新聞』
『AFP』『ブルームバーグ』『ロイター』

【拙著】

『文明と経済の衝突』（第二海援隊）
『2010 年の衝撃』（第二海援隊）
『9・11 と金融危機はなぜ起きたか⁉〈上〉』（第二海援隊）
『あと 2 年で国債暴落、1 ドル＝ 250 円に‼』（第二海援隊）
『2017 年の衝撃〈下〉』（第二海援隊）
『2020 年までに世界大恐慌その後通貨は全て紙キレに〈上〉〈下〉』（第二海援隊）
『この国は 95％の確立で破綻する！』（第二海援隊）
『有事資産防衛 金か？　ダイヤか？』（第二海援隊）
『100 万円を 6 カ月で 2 億円にする方法！』（第二海援隊）
『最後のバブルそして金融崩壊』（第二海援隊）

【論文】

『地主制の解体と財産税』（広田四哉）

【その他】

『ロイヤル資産クラブレポート』『経済トレンドレポート』

【雑誌】

『文藝春秋』『週刊文春』『ＡＥＲＡ』『現代ビジネス』

【ホームページ】

フリー百科事典『ウィキペディア』
『ウォールストリート・ジャーナル電子版』『BIS』『NHK』
『日本証券業協会』『日経ビジネスオンライン』『ZUU online』『SankeiBiz』
『BUSINESS INSIDER』『にっぽん子育て応援団』『NEWS ポストセブン』
『大紀元時報』『サーチナ』『CME グループ』『コトバンク』

〈著者略歴〉
浅井　隆　（あさい　たかし）
経済ジャーナリスト。1954 年東京都生まれ。学生時代から経済・社会問題に強い関心を持ち、早稲田大学政治経済学部在学中に環境問題研究会などを主宰。一方で学習塾の経営を手がけ学生ビジネスとして成功を収めるが、思うところあり、一転、海外放浪の旅に出る。帰国後、同校を中退し毎日新聞社に入社。写真記者として世界を股に掛ける過酷な勤務をこなす傍ら、経済の猛勉強に励みつつ独自の取材、執筆活動を展開する。現代日本の問題点、矛盾点に鋭いメスを入れる斬新な切り口は多数の月刊誌などで高い評価を受け、特に 1990 年東京株式市場暴落のナゾに迫る取材では一大センセーションを巻き起こす。
その後、バブル崩壊後の超円高や平成不況の長期化、金融機関の破綻など数々の経済予測を的中させてベストセラーを多発し、1994 年に独立。1996 年、従来にないまったく新しい形態の 21 世紀型情報商社「第二海援隊」を設立し、以後約 20 年、その経営に携わる一方、精力的に執筆・講演活動を続ける。2005 年 7 月、日本を改革・再生するための日本初の会社である「再生日本 21」を立ち上げた。主な著書：『大不況サバイバル読本』『日本発、世界大恐慌！』（徳間書店）『95 年の衝撃』（総合法令出版）『勝ち組の経済学』（小学館文庫）『次にくる波』（PHP 研究所）『Human Destiny』（『9・11 と金融危機はなぜ起きたか!?〈上〉〈下〉』英訳）『あと２年で国債暴落、１ドル＝ 250 円に!!』『いよいよ政府があなたの財産を奪いにやってくる!?』『2017 年の衝撃〈上〉〈下〉』『すさまじい時代〈上〉〈下〉』『世界恐慌前夜』『あなたの老後、もうありません！』『日銀が破綻する日』『ドルの最後の買い場だ！』『預金封鎖、財産税、そして 10 倍のインフレ!!〈上〉〈下〉』『トランプバブルの正しい儲け方、うまい逃げ方』『世界沈没——地球最後の日』『2018 年 10 月までに株と不動産を全て売りなさい！』『世界中の大富豪はなぜＮＺに殺到するのか!?〈上〉〈下〉』『円が紙キレになる前に金を買え！』『元号が変わると恐慌と戦争がやってくる!?』『有事資産防衛　金か？　ダイヤか？』『第２のバフェットかソロスになろう!!』『浅井隆の大予言〈上〉〈下〉』『2020 年世界大恐慌』『北朝鮮投資大もうけマニュアル』『この国は 95％の確率で破綻する!!』『徴兵・核武装論〈上〉〈下〉』『100 万円を６ヵ月で２億円にする方法！』『最後のバブルそして金融崩壊』（第二海援隊）など多数。

恐慌と国家破産を大チャンスに変える！

2019年2月27日　初刷発行

著　者　浅井　隆
発行者　浅井　隆
発行所　株式会社　第二海援隊
〒101-0062
東京都千代田区神田駿河台２-５-１　住友不動産御茶ノ水ファーストビル８Ｆ
電話番号　03-3291-1821　　ＦＡＸ番号　03-3291-1820

印刷・製本／株式会社シナノ

　ISBN978-4-86335-195-0

Printed in Japan

第二海援隊発足にあたって

日本は今、重大な転換期にさしかかっています。にもかかわらず、私たちはこの極東の島国の上で独りよがりのパラダイムにどっぷり浸かって、まだ太平の世を謳歌しています。

しかし、世界はもう動き始めています。その意味で、現在の日本はあまりにも「幕末」に似ているのです。ただ、今の日本人には幕末の日本人と比べて、決定的に欠けているものがあります。それこそ、志と理念です。現在の日本は世界一の債権大国（＝金持ち国家）に登り詰めはしましたが、人間の志と資質という点では、貧弱な国家になりはててしまいました。それこそが、最大の危機といえるかもしれません。

そこで私は「二十一世紀の海援隊」の必要性を是非提唱したいのです。今日本に必要なのは、技術でも資本でもありません。志をもって大変革を遂げることのできる人物と、それを支える情報です。まさに、情報こそ〝力〟なのです。そこで私は本物の情報を発信するための「総合情報商社」および「出版社」こそ、今の日本にもっとも必要と気付き、自らそれを興そうと決心したのです。

しかし、私一人の力では微力です。是非皆様の力をお貸しいただき、二十一世紀の日本のために少しでも前進できますようご支援、ご協力をお願い申し上げる次第です。

浅井　隆